KB082402

현직 경찰관이
알려주는
학교폭력
대처법

현직 경찰관이 알려주는 학교폭력 대처법

초판 1쇄 2021년 09월 15일
초판 2쇄 2022년 02월 15일
지은이 이상희 | **펴낸이** 송영화 | **펴낸곳** 굿위즈덤 | **총괄** 임종익
등록 제 2020-000123호 | **주소** 서울시 마포구 양화로 133 서교타워 711호
전화 02) 322-7803 | **팩스** 02) 6007-1845 | **이메일** gwbooks@hanmail.net

© 이상희, 굿위즈덤 2021, *Printed in Korea.*

ISBN 979-11-91447-60-6 03330 | 값 15,000원

※ 파본은 본사나 구입하신 서점에서 교환해드립니다.
※ 이 책에 실린 모든 콘텐츠는 굿위즈덤이 저작권자와의 계약에 따라 발행한 것이므로
   인용하시거나 참고하실 경우 반드시 본사의 허락을 받으셔야 합니다.
※ **굿위즈덤**은 당신의 상상이 현실이 되도록 돕습니다.

현직 경찰관이 알려주는

알려주는

이상희 지음

학교폭력

대처법

굿위즈덤

글을 거의 다 써내려갈 무렵, 우연히 서랍을 열어보니 USB가 눈에 들어왔다. '이 USB에 어떤 사진이 있었지?' 하면서 USB를 노트북에 연결하여 열어보았다. 그 안에는 내가 학교전담경찰관 업무를 하면서 활동했던 사진들이 고스란히 담겨 있었다. 강의하는 모습, 캠페인 활동, 각종 간담회 사진 등 사진을 보니 기억이 새록새록 떠올랐다. 일할 당시에는 담당 업무이고 당연히 해야 할 일이라고 생각하고 일을 했다.

글을 쓰면서 하나하나 기억을 꺼내보니 선배님, 후배님 그리고 동기와 함께 열정을 가지고 일한 흔적들이 무수히 많이 보였다. 그때는 몰랐지만 지금은 알 것 같다. 학교전담경찰관 업무는 내 인생의 전환점이 되었다는 것을.

본 책에는 내가 경찰서에서 학교전담경찰관으로 일했던 3년, 시경찰청 아동청소년계에서 청소년 업무를 했던 2년의 경험을 바탕으로 얻은 지식과 깨달음을 담고자 했다. 일개 경찰관이 혼자서 학교폭력 문제를 해결하겠다는 거창한 포부를 가지고 쓴 글도 아니다. 단지 학교폭력과 각종 청소년 문제에 대한 원인은 결국 우리 사회 구조적 문제이며 이 문제를 해결할 수 있는 열쇠가 어른에게 있다는 것을 말하고 싶어서다. 실타래처럼 얽힌 학교폭력 문제는 단순하지 않다. 많은 시간과 노력이 필요하다.

2021년 12월이면 대구 중학생 자살 사건이 발생한 지 10년째가 된다. 그동안 학교폭력 예방을 위한 각종 정책이 쏟아져 나왔다. 그리고 「학교폭력예방법」이 여러 차례 개정됐다. 있던 조항이 삭제되기도 하고 새로 추가되기도 했다. 매번 더 나은 방향으로 개정되지만 미봉책에 그칠 뿐이다.

학교폭력 사안이 발생하면 법적 절차와 처벌 강화만 문제 삼을 뿐 정작 피해 학생의 상처받은 마음을 치유하거나 가해 학생이 피해 학생에 대해 진심 어린 사과를 하고 깊은 반성을 하는지 그 여부는 문제 삼지 않는다.

학교폭력 사안이 발생했을 때 제일 중요한 것은 가장 가까이에 있는 부모와 교사가 먼저 아이들의 마음을 깊이 공감해주어야 한다는 것이다. 우리 어른들이 학교 안팎에서 손을 내밀어야 한다. 이 시간에도 학교폭력으로 고통받는 수많은 아이들이 어른들의 손길을 기다리고 있다. 부디 이 책을 읽는 독자인 부모와 교사, 어른들이 우리 아이들의 마음을 잘 알아주었으면 하는 바람이다.

원고에 사례를 쓰면서 내가 겪었던 다양한 사건과 학교폭력 가 · 피해자, 비행 청소년, 소년범 등 일하면서 만난 아이들이 주마등처럼 스쳐 지나갔다. '지금 이 아이들이 어디서, 무엇을 하면서 지내고 있을까?' 궁금했다. 현재로서는 알 길이 없지만 건강하게 잘살고 있었으면 하는 바람이다.

마지막으로 학교폭력에 관심을 갖고 이 책이 나올 수 있게 도와주신 굿위즈덤 관계자분들 그리고 내 기억 속에 묻힐 뻔했던 이야기들이 세상에 나올 수 있게 해주신 〈한국책쓰기1인창업코칭협회〉의 김태광 대표님과 〈한국석세스라이프스쿨〉의 권동희 대표님께 깊은 감사를 드린다. 옆에서 '잘할 수 있다!'고 격려해주고 응원해준 경찰 선배님들과 후배님들, 친구, 언니, 동생들에게 감사의 마음을 전한다. 그리고 물심양면으로 도와주시는 우리 부모님, 친오빠 사랑합니다.

목 차

2장 학교폭력에 노출된 아이들

5장 학교폭력, 예방이 최선이다

1장

알고 보면
나쁜 아이는
없습니다

저 좀 봐주세요

좀처럼 꺼지지 않는 불씨 같은 학교폭력 문제. 해마다 학기 초 무렵 각종 언론 매체를 통해 학교폭력으로 인한 피해 사례가 어김없이 보도된다. 작년에도, 올해도 그랬고 내년에도 마찬가지일 것이다. 솔직하게 말하면 학교폭력은 절대로 사라지지 않을 것이다. 우리 사회에서 성폭력, 가정폭력, 학대 등 각종 폭력이 일상화되어 사라지지 않고 있는 것처럼 말이다. 이게 현실이기 때문에 학교폭력이 근절된다고 긍정하고 싶지는 않다. 다만 피해자가 생기지 않도록 예방하고 피해자를 잊지 않기 위해 계속해서 노력한다면 희망이 보이지 않을까 하는 생각을 해본다.

내가 2016년, 학교전담경찰관(SPO) 업무를 시작하고 예방 교육을 하기 위해서 기존의 자료들을 찾다 보니 꼭 들어가 있는 영상이 있었다. 2013년 SBS에서 방영된 다큐멘터리 〈학교의 눈물〉에 나왔던 천종호 판사님의 영상이다. 2016년이면 이 프로그램이 방영된 지 3년이라는 세월이 흘러간 후이지만, 여전히 교육 영상으로써 제 몫을 할 가치가 있었다.

이렇게 아이들을 사랑하는 판사가 있을까? 정말 존경할 만한 분이었다. 판사들도 승진을 위해 재판부 등 부서를 이동하기 바쁠 것 같은데, 법원 중에서도 업무가 많다는 가정법원에서 8년 동안 소년부 재판을 했다는 것은 엄청 대단한 일이다. 판사님도 어렸을 때 가난과 무관심으로 인해 마음이 상처받았다고 했다. 자기도 그런 시절이 있었지만 도와준 사람이 있었기에 극복했다고 한다. 그렇다 해도 아이를 사랑하는 마음이 없다면 불가능한 일이다. 자료를 만들면서 '나도 아이들에게 진정성 있게 다가가기 위해 어떻게 해야 할까?'라고 진지하게 생각하게 된 계기가 되었다.

2020년 인천시청소년상담복지센터 운영보고서의 상담지원서비스 통계 결과를 보았다. 코로나로 인해 비대면 전화상담이 활성화됨에 따라 최근 3년간 상담 건수는 더욱 증가했다. 눈여겨볼 부분으로 상담 내용 중 많은 청소년이 우울, 불안, 자살, 자해 등의 정신 건강 문제로 매우 고통스러워하고 어려움을 호소하고 있다는 점이었다.

청소년들이 정신 건강상의 문제를 많이 호소하는 데에는 여러 가지 원인이 있을 수 있다. 개인에게 내재한 성향보다 가족(가정불화, 부모 이혼 등), 또래 관계(학교폭력), 가정 환경, 학교생활 등 외부적 요인이 무시할 수 없을 만큼 큰 영향을 끼친다.

일반 청소년들도 이런 우울, 불안 등 정신 건강상 문제들을 호소하는데 비행 청소년이나 소년범도 별반 다를 것이 없다는 생각이 든다. 내가 면담했던 아이들도 면면이 들여다보면 힘들다고 하는 원인은 가정과 학교에서부터 비롯된다. "경찰관 선생님, 힘들어요."라는 말에는 여러 가지 의미가 함축되어 있었다.

2019년 12월 발생한 코로나바이러스. 전 세계에서 이 전염병을 예방하기 위해 고군분투하고 있다. 20년이면 종식될 줄 알았던 감염증이 21년 8월인 현시점에서도 사그라들지 않아 전문가들은 장기화로 갈 것을 예측해 '위드 코로나'를 준비하는 듯하다. 코로나 확산을 막기 위해 초·중·고교의 등교 전면 중단이 시행되었다. 그런데, 학교에 가지 않으면 줄어들 것 같았던 학교폭력은 스마트폰, 인터넷 등 가상공간에서 벌어지고 있다.

대면하여 발생하는 학교폭력이 학교 내외라는 한정된 공간에서 벌어진다면 사이버상에서의 학교폭력은 시공간의 제약이 없다. 빈도수로 따진다면 훨씬 많을 것이고 각종 통계 자료에서도 이를 여실히 보여주고 있다. 학교에서 벌어지는 폭력은 교사와 아이들이 보는 눈이 있지만, 사이버상에서의 폭력은 알아차리기 쉽지 않아 피해를 보는 아이들의 말 못할 고통이 더 심할 것으로 보인다.

학교폭력뿐만 아니라 청소년 대상 범죄도 늘고 있다. 경찰청 자료에 따르면 2021년 3월부터 6월까지 사이버 성폭력 불법 유통망·유통 사범 집중 단속을 했는데 피해자 중 절반이 10대로 확인되었다. 아이들이 등교하지 않는 시간에 집에서 스마트폰, 인터넷을 사용하며 피해를 본 것으로 보고 있다. 또한, 영국의 IWF(Internet Watch Foundation)라는 자선단체는 조사를 통해 2021년 상반기 아동·청소년 대상 사이버 범죄가 지난해 동기간 대비 절반 이상 증가했다고 발표했다. 코로나19로 인한 청소년 대상 범죄의 증가는 비단 우리나라만 해당하는 것이 아니며 미국, 영국 등 주요 나라에서도 심각한 문제로 거론되는 사안이다.

이 시대의 아이들은 물질적으로 풍요로운 시대에서 살고 있지만, 정신적으로는 외롭고 결핍되고 더욱 살기 피곤한 세상에서 사는 것 같다. 내가 학창 시절 때인 90년대만 해도 학생들이 순수했던 탓인지(학교폭력이라는 단어도 없긴 했지만) 폭력을 당하는 아이들은 소수의 특이하고 이상한 아이이거나 학교의 짱에게 덤비다가 패배한 아이 정도였다. 물론 현재로 가지고 오면 학교폭력이 되겠지만 어찌 되었든 지금처럼 힘의 균

형이 무너진 학교폭력이 난무하지는 않았다.

심리학자 피터 K. 스미스는 저서『학교폭력』에서 학급 친구들과 주먹다짐을 한 경우 한두 차례 발생한 것이고 양쪽 힘이 비슷했다면 괴롭힘이 아니지만, 어느 한쪽이 확실히 힘이 더 세고 상대를 계속해서 반복적으로 공격하는 경우 분명 괴롭힘에 해당한다고 말한다.

한편 괴롭힘의 개념을 처음으로 명확하게 제시한 심리학자 댄 올베우스는 괴롭힘의 네 가지 핵심 기준을 다음과 같이 정의하고 있다.

- 누군가에게 해를 가하거나 해를 가할 가능성이 있는 행위
- 해를 가할 의도로 하는 행위
- 지속해서 반복되는 행위
- 힘의 불균형이 존재함으로 인해 피해자가 자기 자신을 쉽게 방어할 수 없음

우리가 현재 학교에서 학교폭력 사안이 발생했을 때 적용하고 있는「학교폭력예방 및 대책에 관한 법률(약칭:학교폭력예방법)」또한 위의 기준들을 포함하고 있다. 학교폭력예방법상 학교폭력은 일반적인 폭력과 다르다. 학교에서 학교폭력예방법으로 처리하기 위한 전제 조건은 무엇일까? 우선 피해자는 학생이어야 한다는 점이다. 학교에서 처리하는 법률

이기 때문에 피해자가 학생 신분인 것은 어찌 보면 당연하다.

어느 학생이 남의 물건을 훔쳤는데 피해자가 학생이었다. 학교폭력에 해당할까?

답은 학교폭력에 해당하지 않는다. 물건을 훔친 것은 '폭력'이 아니라 '절도'에 해당하기 때문이다. 그리고 신체적 폭력처럼 눈에 보이고 몸에 흔적이 남는 폭력이 아닌 언어폭력, 따돌림 같은 정서적 폭력도 포함되어 포괄적이라고 볼 수 있다.

〈학교폭력대책심의위원회(약칭:학폭위)〉가 개최되어 최종 조치 결정 전 심의할 때 판단 요소로 가해 학생이 행사한 학교폭력의 심각성·지속성·고의성 등 여러 가지 상황을 고려하여 판단한다. 아직 어리고 미숙한 학생인 만큼 가해 학생의 선도 가능성을 보기 위함이다.

경찰청에서는 타 기관과 협업으로 전국의 각 시 경찰청에 117학교폭력 신고센터를 운영하고 있다. 학교폭력 사안에 따라 신속한 개입과 조치로 서비스를 제공하고 있다. 청소년상담센터나 학교폭력신고센터 등 청소년 문제를 상담하고 해결하기 위해 설치한 다양한 기관들이 있고 청소년 문제를 해결하는 데 많은 도움을 주고 있다.

앞서 통계상 상담 건수가 증가하는 부분만 놓고 보면 요즘 청소년 문제를 우려하는 부정적인 시각으로 볼 수 있지만, 아이들이 '아프다', '힘들다', '괴롭다'라고, 나 좀 봐달라고 살려 달라는 의사 표현 같아 다행스럽게 여겨지기도 한다. 그나마 표현하는 아이는 그 상황에서 벗어나고 싶다는 방증이기 때문이다. 보이지 않는 어딘가에서 끙끙 앓고 있는 아이들의 소리 없는 아우성을 우리 어른들이 알고 관심을 가졌으면 좋겠다.

내 아이라고 예외는 아니다

학령기 아동을 둔 대부분의 엄마 관심은 자녀의 공부다. 엄마들이 서로 만나면 어떤 학습지를 하고 어떤 학원에 다니는지, 어떤 과외 선생님이 영어, 수학을 잘 가르치는지, 어떤 지역이 학군이 좋은지 물어보며 학습과 학업에 관련된 정보를 공유한다.

'맹모삼천지교(孟母三遷之敎)'라는 한자성어가 있다. 맹자 어머니가 묘지 근처로 이사를 하였더니 어린 맹자가 보는 게 상여와 곡성이라 흉내만 내고 다니고 저자 근처로 옮기니 장사 흉내를 냈다. 그래서 세 번째는 서당 근처로 옮겼더니 글을 읽는 흉내를 내는 것을 보고 서당 근처가 자식 기르기에 합당하여 그곳에서 지냈다고 한다.

예나 지금이나 자식의 학업에 대한 열정은 세월이 흘러도 변함이 없다. 대한민국 엄마들이 자녀의 교육을 위해서라면 빚을 내서라도 서울로 이사를 하는 것을 보면 말이다. 좋은 대학을 가면 소위 '사' 자 들어가는 직업이나 대기업, 공기업 등 원하는 좋은 직장에 들어갈 수 있는 확률이 높다. 모든 부모는 내 아이가 남부럽지 않게 잘살길 바랄 것이다.

공부도 중요하지만, 공부와 더불어 자녀의 인성교육에 힘썼으면 좋겠다. 하지만 더욱 근본적으로 부모의 인성이 갖춰져야 자녀 교육도 올바르게 할 수 있다고 본다. 초등학생들이 자기들끼리 놀면서 '기생수', '엘사', '휴거'라는 말들을 쓴다고 한다. 기생수는 기초생활수급자의 줄임말이고 엘사는 LH 아파트, 휴거는 휴먼시아 거지의 줄임말이라고 한다.

2000년 중반에도 아파트 가격이 많이 오른 지역, 잘사는 가정이 많은 지역의 초등학생들이 "너는 몇 평에 살아?", "너 아빠 직업이 뭐야?"라며 친구의 수준을 가리기 위해 호구조사까지 하는 아이들이 있다고 들어서 놀랐었다. 그런데 요즘은 한술 더 떠서 이제는 아이들이 임대아파트에 사는 것을 알고 수준을 비하하는 말들을 한다. 이야기를 듣고 어처구니가 없었다. 도대체 아이들이 그런 단어는 어디서 들었을까? 당연히 부모에게 들었을 것이다. 경제적 능력으로 사람을 판단하고 무시하는 부모들의 인격이 어떨지는 드러내놓고 말하지 않아도 가히 짐작이 가고도 남는다.

이런 아이들이 좋은 대학에 가서 공직의 고위직까지 올라가 정치를 한다면 과연 시민들의 삶을 이해하고 공감하는 정치를 펼칠 수 있을까?

인성이 좋은 아이는 결코 친구들을 무시하고 때리고 비난하지 않는다. 부모는 아이가 학교폭력 가해자가 됐을 때 '우리 아이는 공부도 잘하고 부족한 것 없이 자랐는데, 왜 그랬을까?' 하고 의아해하며 도저히 이해할 수 없다고 생각할지도 모르겠다.

"콩 심은 데 콩 나고 팥 심은 데 팥 난다."라는 속담이 있다. 뿌린 대로 거두는 것처럼 평상시 부모의 행동과 말투를 보고 듣고 자란 아이들은 부모를 따라 하기 마련이다. 아이가 학교폭력의 가해자 혹은 피해자가 되었다면 근본적으로 부모가 먼저 냉철하게 자신을 돌아봐야 한다. 왜 남을 가해하는 행동을 했을지, 왜 피해를 봤을지….

보통 부모는 내 아이는 내가 잘 알고 있다고 생각한다. 초등학교 저학년 때까지 아직 의존성이 크기 때문에 아이가 엄마와 대화도 많이 해서 어느 정도 성향이나 태도를 알 수 있다. 하지만 고학년이 되고 중학생이 되어 사춘기가 시작되면 친구들과 지내는 시간이 더 많으므로 부모의 눈에 보이는 면과 아이의 진짜 모습이 다른 경우가 많다.

집에서 엄마가 아이를 지켜보면 아이가 학교도 잘 다니고 모범적인 것 같다. 욕도 한마디 못 할 것 같은 아이가 밖에서 사고를 쳤다. 자녀가 범법 행위로 고소가 들어와 조사를 받아야 한다고 경찰서에서 연락이 온다. 혹은 학교에서 담임 선생님에게 우리 아이가 학교폭력 가해자라고 학폭위에 아이와 같이 와주셔야겠다고 한다. 가슴이 철렁…. 처음에는 우리 아이가 절대 그럴 리 없다고 부인하지만, 아이의 이야기를 듣다 보면 '내가 아이를 잘못 가르쳤나?' 하고 자책을 한다.

어른들도 그렇듯이 스마트폰 없는 삶은 불편하기 짝이 없고 가족, 지인, 동료 등 인간관계를 유지하기 위해서라도 필수 불가결한 물건이다. 그럼 그대로 상황을 옮겨오면 청소년들의 또래 관계가 스마트폰 속 사이버 공간에서의 또래 관계 유지로 대치된다고 보면 될 것이다. 아이들에게도 필수가 돼버렸다.

우리 아이들 세대는 '포노 사피엔스'다. '스마트폰(smartphone)'과 '호모 사피엔스(homo sapiens:인류)'를 합친 단어로 휴대전화를 신체 일부처럼 사용하는 새로운 세대를 뜻한다고 한다. 우리는 스마트폰을 일상에서 뗄 수 없는 시대에 살고 있다.

아이들이 인터넷, 스마트폰 속에서 추구하는 욕구를 알아보자. 청소년들의 인터뷰를 정리한 내용을 몇 가지 소개해보려고 한다. (출처 : 청소

년 사이버 폭력 문제와 상담)

1. 온라인에서 관계를 형성하려고 하는 욕구이다.

"학교 친구들 외 재미있는 분도 많고 더 많은 사람을 알게 되고, 페북 스타 보는 것도 재밌어요.", "우리 반 친구들 깊숙한 얘기는 안 하고 온 라인에서 만난 친구들이랑 속 편하게 얘기해요. 친하면 친할수록 싸우는 데….."

나도 아이들의 이야기가 이해가 간다. 내가 고등학교 다닐 때인 1990 년대 후반 천리안, 나우누리 같은 인터넷 포털사이트가 보급되어 커뮤니 티, 메일, 메신저 등을 사용하기 시작했다. 우리 집에는 연결하지 않아서 친구 집에서 처음으로 모르는 사람과 채팅을 해봤는데 정말 재미있었다. 나를 모르기 때문에 상대방의 표정을 신경 쓸 필요도 없고 편하게 대화 할 수 있었다. 더욱이 요즘 아이들은 여러 방면에서 스트레스를 많이 받 아 더 빠져들 수밖에 없다.

2. 자기에 대해 새롭거나 몰랐던 부분을 알게 된다.

"레벨이 올라가면 같이 게임하는 사람들이 잘한다고 하니까.", "저는 게임 안에서는 활발한데 실제로는 조용하고…. 게임을 할 때는 엄청 말 을 많이 해요."

사람은 누구나 남한테 칭찬을 받게 되면 기분이 좋아지고 자신감을 가지게 된다. 아이들은 특히 게임을 하면서 성취감을 느끼게 된다. 그리고 자신도 몰랐던 자기 자신을 알게 된다. 나도 학창 시절에는 몹시 수줍어하고 부끄러움도 많이 타는 학생이었다. 그런데 채팅을 하면서 '내가 이렇게 말이 많은 사람이었나.'라는 생각을 했었다. 물론 소수의 친한 친구와 수다는 많이 떨지만, 모르는 사람과 말을 많이 하는 것은 나에게 있어서도 신기한 경험이었다.

3. 친구들과 있으면 하기 힘든 정서 표현을 인터넷 공간에서 표출하며 욕구 불만을 해소하기도 한다.

"친구랑 싸웠어요. 그러면 게임으로 기분을 풀고 나서 다시 친하게 지내요. 엄마, 아빠랑 말이 안 통해서 화나서 밖에 나가 있거나 게임으로 풀어요.", "'좋아요'를 서로 눌러줘서 고맙다고 하고 서로 그냥 공감해주면 기분이 좋죠."

남학생들은 주로 게임을 하면서 폭력적인 말을 하고 게임 못하는 상대방을 향해 욕을 하며 놀리고 비난하기도 한다. 부정적인 감정을 표현하면서 욕구를 해소한다. 그리고 실제로 마주하고 '고맙다'라는 말을 하기 쉽지 않은데 인터넷에서는 고마운 감정, 기쁜 감정을 쉽게 전달할 수 있다. 어른들도 인스타나 페북 등 SNS에서 '좋아요'를 누르고 공감하고 지지해준다. 카톡에서 나의 감정을 이모티콘으로 대신하기도 한다. 한편 감정표현이 서툰 사람들에겐 좋은 감정표출 방법이라고 생각이 된다. 하지만 도가 지나친 표출은 명예훼손이나 모욕이 될 수 있으므로 자녀에게 반드시 인터넷 사용 예절을 알려주는 것이 필요하다.

아이들도 생각이 있고 판단할 수 있다. 하지만 정신적인 성숙 면에서 발달이 미숙하여서 그런 부분에서는 부모의 교육이 필요한 것이다. 우리 아이들의 특성을 잘 이해하고 그들의 눈높이에서 바라봐준다면 부모도 함께 배워나갈 수 있을 것이다.

학교폭력 가해 학생에 대한 편견

학교폭력 가해 학생들은 모두 나쁜 아이일까? 우리는 상식적으로 학교폭력 가해 학생이라고 하면 '문제아', '노는 아이', '양아치' 등 부정적 단어를 먼저 떠올리기 쉽다. 그리고 '나쁜 아이'라고 단정 지어 버리는 경향이 있다. 편견을 갖게 하는 또 다른 이유는 각종 매스컴, 언론에서는 자극적이고 이슈가 될 만한 사건을 보도하기 때문이라고 생각한다. 사건에서 학교폭력 가해 학생들은 폭력서클 구성원이거나 가출팸과 어울리는 등 어른들의 통제에서 벗어난 비정상적인 아이들이 대부분이다. 따라서 가해 학생은 폭력적이고 위협적인 존재로 비친다. 하지만 내가 학교폭

1장 알고 보면 나쁜 아이는 없습니다   29

력 상담 전화(117)로 접수된 학생들의 이야기를 직접 들어보거나 폭행 사건으로 접수된 사안의 당사자들을 만나보면 결코 나쁜 아이가 아니었다. 착하고 성실한 모범생인 경우도 많이 있었다.

학교전담경찰관으로 근무를 하게 되면 관내 학교에서 학교폭력 사안이 발생했을 때 사안 처리를 위한 〈학교폭력대책심의위원회(약칭:학폭위)〉에 위원으로 참여를 하게 된다. 학교전담경찰관은 위원회의 위원으로서 의사결정에만 참여할 뿐, 사전에 피해 학생이나 가해 학생과 연락하여 한쪽 편을 들거나 중재를 할 수 없다. 학교에서는 사안이 발생하면 학교폭력 사안 업무를 담당하는 선생님(윤리부장, 학생부장, 생활부장 등 학교마다 부르는 명칭이 다름)이 사전에 경찰관이 참석 가능한 날을 잡는다. 사전 일정 조율 차원에서 유선으로 간략하게 사안에 관한 이야기를 듣게 된다. 필요에 따라 학교에 방문하여 학부모에게 대면상담 동의를 얻은 후 피해 학생과 가해 학생을 만나 사건 경위를 듣는다.

통상적으로 경찰이나 교사 등 누구나 사안의 결과를 놓고 '누가 때렸고 누가 맞았느냐?'에 따라 피해자와 가해자로 학생을 분류한다. '때린 학생은 가해자이며 나쁜 아이'라는 낙인을 찍게 되는 것이다. 나 또한 학교전담경찰관 업무를 시작하고 처음으로 학교폭력 사안을 접했을 때 가해 학생에게 편견을 가진 적이 있었다.

"수민아, 너 왜 경수를 때렸어? 폭력은 명백한 범죄야. 넌 그럼 범죄자가 되는 거야. 누가 뭐라 해도 폭력행위는 정당행위가 될 수 없어!"

초등학교 5학년인 수민이는 경찰관이 자기에게 다그치듯이 혼내니 무서웠는지 눈물을 뚝뚝 흘리면서 말했다.

"그게…. 경수가 먼저…. 저를 놀렸어요."

"뚱뚱한 돼지 새끼, 꿀꿀, 배고프지? 야! 너 그 의자에 앉지 마. 의자 망가져! 꿀꿀아, 넌 살찌니까 이건 먹지마! 하고 놀렸어요."

"'계속 놀리면 선생님께 이를 거야!'라고 했는데도 놀려서 저도 모르게 경수를 밀치고 주먹이 나가게 됐어요."

「학교폭력예방 및 대책에 관한 법률(약칭:학교폭력예방법)」 제2조는 "학교폭력이란 학교 내외에서 학생을 대상으로 발생한 상해, 폭행, 감금, 협박, 약취 · 유인, 명예훼손 · 모욕, 공갈, 강요 · 강제적인 심부름 및 성폭력, 따돌림, 사이버따돌림, 정보통신망을 이용한 음란 · 폭력 정보 등에 의하여 신체 · 정신 · 또는 재산상의 피해를 수반하는 행위를 말한다." 라고 정의하고 있다.

위 사례에서 가해 학생의 폭력행위는 결과를 보면 잘못된 행동이 맞다. 때린 학생과 맞은 학생을 놓고 보면 잘잘못은 분명하다. 하지만 폭력의 원인이 된 것은 피해 학생이 지속해서 놀렸기 때문이었다. 놀리지 말라고 경고했음에도 불구하고 상습적, 반복적으로 놀리며 모욕을 가한 것이었다. 가해 학생에게는 엄청난 스트레스였을 것이다. 엄밀히 따지고 보면 피해 학생의 행동은 명백한 언어폭력이다. 가해 학생에게도 정신적인 피해를 준 것으로 학교폭력 사안에 해당한다고 볼 수 있다.

교육부 「학교폭력 실태조사(2020년)」에서 피해 유형별로 차지하는 비중을 살펴보면, 언어폭력(33.6%)이 가장 높은 비중을 차지했다. 다음으로 집단따돌림(26%), 사이버 폭력(12.3%), 신체폭행(7.9%), 스토킹(6.7%) 순으로 나타났다. 신체폭행이 비중으로 보면 높지는 않지만, 학교폭력 관련자 면담을 하면 폭행의 기저에는 언어폭력 행위가 있는 경우가 다반사였다.

나는 그 당시 수민이를 '학교폭력 가해 학생인 나쁜 아이'라고 단정 지었다. 수민이의 이야기를 들어보고 나서 판단을 해야 했는데 다짜고짜 혼을 내 미안하게 생각했다. 그 후로 학교에 순찰 갔을 때 교실이나 복도에서 가해 학생을 마주치게 되면 내심 미안한 마음에 좀 더 다정하게 "잘 지내고 있지?" 하며 안부를 묻곤 했었다.

가해 학생에 대한 편견을 버려야 하는 또 다른 이유가 있다. '쌍방폭행' 사건을 예로 들어보자. 학교폭력으로 접수된 사안 중 '쌍방폭행'으로 입건된 사안들이 있다. 거의 상대방의 폭력행위가 원인이 되어 맞은 학생도 화가 나서 똑같이 폭력을 행사한 경우다. 부모님들이 "경찰관님, 내 아이가 더 맞았는데 당연히 피해 학생이 되는 거 아니에요?"라는 질문을 많이 한다. 결론적으로 말하면 서로 치고받고 싸우다가 더 많이 맞은 학생이 피해 학생이고 덜 맞은 학생이 가해 학생으로 되는 것은 아니다. 모두 쌍방 피해 · 가해 학생이 된다. 누가 원인 행위를 제공했는지와는 별개로 서로 폭력을 행사했으므로 둘 다에게 잘못이 있기 때문이다.

쌍방폭행인데 학폭위에서 몇 대 더 때렸다는 이유로 가해 학생으로 인정되어 불이익한 처분을 받은 예도 있었다. 일방적으로 더 때린 부분만 인정하고 피해에 대해서는 다루지 않았다. 가해 학생은 폭력과 거리가 멀 것 같은 학생이었다. 학급의 반장으로 공부도 잘하는 모범생이다. 친구를 도우려는 마음이 쌍방폭행까지 가게 된 것이다. 가해 학생에게는 억울한 일이었고 부모님도 그 사건으로 인해 마음의 상처를 많이 받았다. 두 학생이 싸우게 된 원인, 각각의 피해를 고려했다면 처음부터 불이익한 처분이 나오지 않았을 것이다. 이런 경우 피해에 대해 인정하지 않은 부분은 가해 학생 측에서 불복절차를 진행하여 처분이 취소될 수 있는 사안이다.

요즘 인터넷과 페이스북, 카카오톡 등 소셜 네트워크 서비스(SNS) 이용으로 사이버 폭력이 증가하고 있지만, 고전적인 신체폭력도 여전히 발생하고 있다. 청소년기에는 생리적 변화로 인해 급격한 흥분, 조급함 등 정서적 변화가 크게 나타난다. 그리고 또래 집단을 형성하여 정서적 유대감이 큰 시기이기도 하다. 이 시기 청소년들은 친구 관계에서도 감정적으로 대응하기 쉽다. 대화로 해결할 수 있는 문제인데도 감정 조절 능력이 약해 폭력으로 표출되니 문제가 되는 것이다. 학교폭력 가해자에게 경찰 단계에서 진행하는 선도 프로그램이 있다. 마음나눔 교실(표준 선도 프로그램) 프로그램이다. 사랑의 교실(전문 기관)과 희망동행 교실(경찰 선도)에서도 일반적인 폭력 가해 학생들을 지도하지만 여기서는 특히 특수폭행, 폭력으로 학폭위 전력이 있는 등 폭력 성향이 강한 학생을 대상으로 전문 상담 및 진료(치료)를 하는 병원에 연계한다. 다른 선도 프로그램보다 상담 횟수가 더 길다. 그만큼 폭력 성향은 고치라고 한다고 해서 단번에 개선되지 않는다. 지속적 상담과 교정이 필요하여 프로그램이 만들어진 게 아닌가 싶다. 나도 폭행 가해 학생을 대상으로 선도 프로그램을 진행했을 때 사춘기 청소년들의 이러한 성향을 고려하여 폭력은 잘못된 감정표출임을 인지시키고 흥분하여 상대방을 때리고 싶을 때 한 번 더 마음속으로 생각해보라고 교육을 했다.

부모들은 내 아이가 학교폭력의 당사자가 되면 피해자가 되었든, 가해자가 되었든 속상하다. 더군다나 억울하게 가해 학생이 된 경우 마음의 상처는 더욱 깊다. 이럴 때일수록 나는 학교전담경찰관으로서 사안에 대해 더욱 객관적으로 봐야겠다고 생각했다. 이후 나는 사안이 발생해서 아이들을 만났을 때 선입견을 품지 않으려고 했고 피해·가해 학생이라고 단정 짓지 않았다. 사안 관련 학생이라고 생각하고 편견 없이 면담하게 되었다.

학교전담경찰관, 학교폭력과 마주하다

내가 처음 학교전담경찰관(School Police Office, 약칭 SPO)으로 근무한 시점은 2016년 3월이다. 그 당시는 전 박근혜 대통령 정부 때였다. 경찰은 새 정부 출범에 맞춰 국민의 생명과 재산을 안전하게 지키고 행복한 삶을 영위할 수 있는 안전한 사회 환경을 조성하기 위한 목적으로 '4대 사회악' 척결이라는 슬로건을 전면에 내걸고 활동했다.

시행 후 3년 정도가 지나간 시기였고 경찰에서는 여전히 정부 기조에 따라 '4대 사회악' 근절을 위해 심혈을 기울여 활동하고 있었다.

'4대 사회악'은 성폭력, 학교폭력, 가정폭력, 불량식품을 말한다. 학교 폭력은 이 '4대 사회악'에 포함될 정도로 우리 사회에서 많은 관심을 쏟고 있는 중요한 문제이다.

2011년 12월 대구의 한 중학생이 친구들의 괴롭힘을 견디다 못해 자살했다. 이 사건으로 학교폭력의 심각성이 수면 위로 떠올랐다. 사건은 일파만파 커졌고 학교폭력 문제가 매스컴 및 각종 언론에서 큰 이슈로 다루어졌다. 정부에서도 문제 해결을 위한 대책에 나섰는데 바로 학교전담 경찰관 제도의 도입이었다. 경찰청은 그다음 해인 2012년도에 전국적으로 학교폭력 및 청소년 선도 관련 업무만 전담하는 학교전담경찰관을 배치하여 학교폭력 예방 활동에 나섰다.

나는 '4대 사회악' 척결의 물결을 타고 2016년부터 학교폭력 업무를 시작했다. 솔직히 학교폭력에 관심이 있어서 혹은 학교폭력을 예방하고 청소년을 선도하여 올바른 길로 이끌어 가야겠다는 거창한 포부를 가지고 업무를 하게 된 것은 아니었다. 그리고 내가 학교에 다닐 때는 '학교폭력'이라는 개념조차 없던 시절이었다. 인사이동 시기에 여성청소년과로 부서 발령을 받아 부여받은 업무였기에 그저 '해야 하는 일'일 뿐이었다.

경찰청은 학교폭력 예방을 위해 해마다 신학기 시작인 3, 4월과 여름방학이 끝나고 하반기가 시작하는 9, 10월에 별도로 〈상·하반기 학교폭력 예방 집중관리 기간〉을 운영한다. 진학하거나 학년이 바뀌는 3월에는 학생들 간 아직은 친해지지 않아 사이가 어색하다. 서로 거리를 두고 탐색전을 한다. 그러다가 1, 2개월이 지나 학기 초가 지나면 슬슬 학교폭력 사건이 발생하기 시작한다. 이런 관계의 어긋남을 사전에 방지하고자 학교전담경찰관이 나선다. 학교전담경찰관이면 기본적으로 학생, 학부모, 교사 등을 대상으로 범죄 예방 교육을 하게 되어 있다.

보통 경찰관은 대민 업무를 기본으로 하므로 생판 모르는 남과 이야기를 하는 것은 별일이 아니다. 하지만 업무도 처음 해보는 데다가 학교 대강당에 100~200명이나 되는 학부모, 교사 앞에서 교육한다는 게 나에게는 그리 쉬운 일이 아니었다. 하지만 부모님들은 자식이 학교폭력에 연루되지 않고 학교생활을 잘할 수 있도록 조언을 듣기 위해 이 자리에 온 것이다. 나는 학교폭력을 예방하는 전담경찰관으로서 도움을 줄 책무가 있었다.

두려움과 떨림을 뒤로하고 당당하게 강단 중앙에 올라가서 내 소개를 하였다. "안녕하십니까? 저는 ○○경찰서 여성청소년과에서 근무하고 있는 ○○고등학교 학교전담경찰관 이상희 순경입니다!" 본격적으로 강의를 시작하기 전 하게 되는 자기소개의 기본 멘트다. 이제는 입에 붙어서 저절로 나오는 말이 되었다. 인사말 후부터는 강의안대로 진행하면 되기 때문에 심장의 두근거림도 잦아들고 마음이 안정되어 무사히 끝까지 마치게 되었다. 해보지 않은 두려운 일이라도 연습을 하고 부딪쳐 보았다. 반복 학습으로 익숙해지니 점점 자신감이 생겼다.

학교폭력 예방 교육 외에 교내 순찰 활동도 한다. 담당 학교 중에서 '명예경찰소년소녀단'이 구성되어 있으면 담당 선생님, 단원들과 함께 점심시간이나 쉬는 시간에 합동 순찰을 한다. '폭력으로부터 안전한 학교, 우리 함께 만들어가요' 등 학교폭력을 예방하고 근절하자는 문구가 적힌 현수막이나 피켓을 들고 복도와 운동장을 돌아다닌다. 그러면 다른 학생들도 줄줄이 따라와 학교폭력 예방 캠페인에 동참하게 된다.

이런 합동 순찰 활동은 또래 지킴이로 활동하는 단원들에게 학교폭력을 방관하는 것을 예방한다. 또한, 다른 학생들에게는 학교폭력에 대해한 번 더 생각하게 해주는 계기가 되어 좋은 정책이라고 생각한다. 개중에는 학교폭력에 연루된 단원이 있었는데 선도할 때 자신이 명예경찰단원임에도 문제를 일으킨 부분에 있어서 반성 정도가 매우 컸다. 그만큼 효과는 있었던 것 같다.

지금은 청소년 폭력대응 강화 대책(2017년 12월) 발표 후 학교전담경찰관 업무가 경찰 본연의 업무에 충실하도록 정예화되었다. 일회성 이벤트와 캠페인을 지양하고 학교·가정 밖 청소년 등 위기 청소년 관리 강화, 참여형 선도 프로그램 운영 활성화 등 근본적으로 실효성 있는 활동을 하고 있다. 경찰관 1명당 12개 혹은 그 이상의 학교를 담당하고 있으므로 불필요한 업무는 과감하게 없앨 필요가 있다.

학교전담경찰관 업무라고 하면 〈학교폭력대책심의위원회(약칭:학폭위)〉 참석을 빼놓을 수 없다. 내가 근무했던 지역은 타 관내와 비교하면 학교폭력 치안 수요가 많지 않은 보통 수준이었다. 하지만 학교와 학생이 있으면 학교폭력도 생기기 마련이다. 사안이 발생하면 학교에서도 사안 처리를 위해 학폭위를 개최해야 한다. 나도 참석할 수 없는 특별한 사정이 없으면 학폭위 심의 결정에 참여했다.

보통 참석 일정 조율을 위해 학교폭력 사안 처리를 담당하는 학생부장 선생님으로부터 전화가 온다. "경찰관님, 학교폭력 사안이 발생해서 다음 주중에 학폭위 개최하려고 하는데, 언제 참석할 수 있으실까요?"라고 먼저 연락을 주신다. 담당 선생님도 전담기구를 구성하여 회의하고 학폭위 개최 일정을 잡기 위해 학부모, 경찰관 등 위원들의 일정을 모두 파악한다. 회의 개최 정족수를 채우는 일과 일정 조율이 쉽지 않기 때문에 최대한 학교 측의 요구를 들어주었다.

학교전담경찰관은 학생부장 선생님과 친분을 쌓아야 평상시 업무 처리를 할 때 유리한 부분이 있다. 학교에서 학교폭력 사안 처리를 담당하시는 선생님이 주로 학생부장 선생님이기 때문이다. 특히 사건·사고가 많은 학교의 학생부장 선생님과는 사안 처리를 위한 정보 공유 차원에서 자주 연락하기 때문에 업무적으로 친분이 생길 수밖에 없다. 직업은 다르지만, 학교폭력 사안을 상호 협력하여 처리한다는 공통점이 있어서 공감대가 형성되기 때문일 것이다.

현재 학교폭력예방법은 2020년 개정으로 학교폭력대책 〈자치위원회〉라는 명칭 대신 학교폭력대책 〈심의위원회〉로 운영된다. 또한, 개최 장소가 학교에서 교육지원청으로 이관되었다. 학교폭력예방법 제13조 위원 구성은 개정 전에는 전체 위원 과반수를 학부모 전체 회의에서 직접 선출한 학부모 위원으로 구성했지만, 개정 후는 10인 이상~50인 이하의 위원으로 구성하고 전체 위원의 3분의 1이상을 해당 교육지원청 관할 학교에 소속된 학부모로 위촉하여야 한다.

내가 학교전담경찰관 업무를 할 당시는 개정 전이었기 때문에 학교에서 회의를 진행했다. 그리고 위원 과반수는 학부모 위원으로 위촉을 해야 했다. 그동안 학부모 위원이 대다수인 학폭위가 전문성이 있겠느냐며 말이 많았는데 그래서인지 이번 2020년 개정 때 전문성을 확보하기 위해서 구성원 부분을 변경한 듯싶다.

나는 원하지 않았던 여성청소년과로 부서 발령을 받아서 학교폭력 업무를 시작했다. 그런데 지나고 보니 학교폭력 예방과 청소년 선도 업무를 5년 동안이나 했다. '어떻게 시간이 이렇게 빨리 지나갔지?' 싶을 정도로 시간이 흘렀다.

처음 업무 시작했을 때의 우려와 달리 학교폭력 업무를 하면서 학생과 부모, 교사의 '희로애락'을 느꼈고 나 또한 그러했다. 학생들을 상담하고 선도하면서 보람을 느끼게 되었다. 경찰관으로서 대한민국의 미래를 책임질 청소년이 올바르게 성장할 수 있도록 선도하는 일을 했다는 게 감사했다.

이제는 학교전담경찰관으로 5년 동안 일했던 나를 스스로 대견하게 여기고 경찰로 일하면서 좋은 경력이 되었다고 자부하고 있다.

태어나서부터 나쁜 아이는 없다

2018년에 나온 〈박화영〉이라는 독립영화가 있다. 가출 청소년들의 이야기를 그린 영화다. 가출 청소년들의 실상을 사실적이며 적나라하게 보여줘서 보면서 내심 충격을 받았다. 청소년들의 성행위, 집단구타 등 선정적이고 폭력적인 장면이 많이 나왔다. 청소년 이야기를 다뤘지만, 청소년관람 불가인 이유가 있었다.

18살 고등학생인 화영이는 가출 소녀들에게 '엄마'로 불린다. 자취방에 모인 소녀들은 화영이를 이용할 뿐 진정으로 고마워하지 않는다. 가정 밖으로 내몰린 아이들에게 술, 담배는 기본이고 입 밖으로 내뱉는 욕설은 예사다. 생계를 유지하기 위해서 범죄를 서슴지 않고 저지르곤 한다. 이 아이들에게선 어떠한 죄의식도 찾아볼 수 없었다.

이 아이들이 이렇게 된 이유가 무엇일까? 영화에서 화영이가 비행 청소년이 되어 범죄를 저지르며 일탈하게 된 이유가 나온다. 엄마는 아직 고등학생이고 미성년자인 딸을 혼자 살라고 버려두고 집을 나간다. 이때부터 엄마를 미친년이라고 부르며 화영의 일탈이 시작되었다. 화영이는 태어나서부터 나쁜 아이였을까? 아니다. 부모로부터 버림받고 어른들의 무관심이 나쁜 아이로 만들고 그렇게 살도록 놔둔 것이었다.

나는 영화를 보는 내내 마음이 편치 않았다. 영화가 저 정도이면 아이들이 처한 현실은 더 처참할 것이다. 나도 업무를 하면서 가출 청소년들과 면담을 해보았지만 저런 현실일 것이라고는 상상하기 어려웠다. 언어로 전달받는 것과 시각으로 보는 것이 체감상 이렇게 다른지도 느끼게 되었다. 아이들이 겪는 현실이 안타까웠고 가련했다.

아이들이 안락해야 할 가정이라는 울타리 안에서 탈출하는 이유가 무엇일까? 가출 청소년과 면담을 했을 때 쉽게 도출되는 원인은 역시 가정에서의 문제였다. 부모 또는 보호자의 부재나 가정불화, 부모와의 소통 부재, 가난, 더 나아가 성폭력, 학대이다. 한국청소년정책연구원에서 조사하는 아동·청소년의 가출 경험과 이유도 살펴보면 부모님과의 문제(불화, 폭력, 간섭 등)가 해마다 50% 이상의 비중을 차지한다는 사실을 알 수 있다. 결론적으로 아이들의 폭력행위, 정서상 우울, 불안 등 성향은 가정을 떼어놓고는 설명이 안 된다.

경찰에서 가출 청소년을 인지하게 되는 경로는 주로 자녀가 집에 들어오지 않아 실종신고가 들어오고 나서다. 그리고 112 신고, 또래나 무리 아이들의 제보, 범죄의 가해자나 피해자가 되어 경찰서에 입건되어 조사 과정에서 밝혀져서 알게 된다.

실종신고로 인지하는 경우를 보면 아이가 집으로 돌아오길 바라는 마음으로 경찰에 실종신고까지 하여 찾으려고 한다. 나가면 보호자가 신고한다. 경찰이 찾아서 설득 끝에 아이는 들어온다. 그리고 또 나간다. 그러면 보호자는 또다시 신고한다. 반복에 반복한다. 가출은 습관성이 있기 때문이다. 어머니나 아버지가 아이에게 관심이 있고 애정이 있으므로 그렇게 한다. 하지만 부모마저 아이를 포기하면 나중에 아이가 가해자로 입건되어 경찰서에 와서 조사를 받을 때 신경도 안 쓴다. "내놓은 자식이다.", "내 자식 아니니까 알아서 해라."라는 등 '나 몰라'라며 배척한다.

학교전담경찰관(SPO) 업무로 '가정 밖 청소년'을 발굴, 선도하고 지원 기관에 연계하는 활동이 있다.('가출 청소년'이라고 쓰던 용어를 국가인 권위원회의 권고로 '가정 밖 청소년'으로 순화함). 위에 나열된 경로들을 통해서 인지하게 된 아이 중에 보호가 필요한 아이들을 임시보호소나 쉼

터에서 지내도록 연계하는 등 청소년들이 가정으로 돌아가거나 안전하게 지낼 수 있게 도움을 주고 있다. 이렇게 경찰서 등 기관에 노출된 아이들은 보호나 지원을 받을 수 있지만 그렇지 않고 음지에서 어렵게 지내야 하는 아이들을 생각하면 우리 어른들은 그러한 아이들에게 있어 나쁜 어른인 것 같다.

관내 한 중학교에 이름만 대면 아는 학생들이 있었다. A군은 부모가 형편이 되는지 자녀에게 용돈도 부족하지 않게 주는 모양이었다. 기대가 큰 만큼 간섭이 심해서 부모와 갈등도 심한 상황이다. 반면 B군은 부모가 이혼하고 친할머니와 같이 지내고 있었다. 할머니가 생계를 위해 일하시기 때문에 손자에게 신경을 쓰지 못하고 있다. 이 둘은 상황은 다르지만 처한 현실에 반항하기 위해 또 다른 학생들과 어울려 다니면서 비행을 저지르고 다닌다. 학교 가서는 맨 뒤에서 수업도 안 듣고 잠을 자거나 친구들을 괴롭힌다.

학교폭력으로 학폭위도 여러 번 개최하고 경미한 절도 등 형사사건 입건되어 선도 프로그램도 진행한 학생들이다. 어느 날 타 기관에서 선도 프로그램을 할 때다. 쉬는 시간을 틈타 도망갔다. 동료 경찰관과 나는 그 학생들을 데리고 오려고 나가서 쫓아다녔던 기억이 난다. 한창 반항심 있고 무서울 것 하나 없는 혈기 왕성한 나이에 자기가 어떤 잘못을 했는지조차 깨닫지 못하는 아이들에게 지루할 듯싶은 선도 프로그램이 얼마나 답답할지 이해 못 하는 것은 아니다. 아이들을 찾고 경찰서에서 만났을 때도 크게 혼내지는 않았다. 기억에 또렷하게 남아 잊을 수 없는 학생들이었다.

이 학생들의 보호자들은 더는 일탈 행위를 막을 수 없어 손을 놓고 있는 듯했다. 경찰의 업무 처리 단계에서 이 학생들에게 할 수 있는 선도도 모두 진행했다. 하지만 끊임없이 비행을 저지르고 학교에서 친구들을 괴롭히는 이 아이들을 두고만 볼 수는 없는 노릇이었다. 그래서 학교와 부모에게 통고 제도를 제안했다.

통고 제도는 소년법 제4조 3항에 '범죄소년, 촉법소년, 우범소년을 발견한 보호자 또는 학교·사회복리시설·보호관찰소의 장은 이를 관할 소년부에 통고할 수 있다.'라는 규정을 근거로 하고 있다. 경찰, 검찰을 거치지 않고 직접 사건을 법원에 접수한다. 법원에서는 통고 대상 여부를 조사한 다음 소년보호재판 진행 여부를 결정하게 된다. 조사를 받는 부담이 없고 전과로 남지 않아 청소년 비행 문제를 조기 해결할 방법이다.

위 사례처럼 보호자의 지도에 한계가 있고 학교폭력의 재발 우려가 짙은 경우 학교장과 부모가 동의하면 통고제도를 활용할 수 있다. 활용할 수 있는 몇 가지를 더 소개해본다.

소년이 가족을 폭행하는 경우 자식이기 때문에 차마 경찰에 신고할 수 없을 때 자녀의 비행 원인을 파악하고 교정하기 위해 활용할 수 있다. 또한, 교사에 대한 교권 침해 (모욕, 폭행, 업무방해 등) 시 선도위원회가 개최되지만, 학생들에 대한 선도가 제대로 이루어질 수 없는 경우 품행 교정을 위해서도 좋을 것이다. 특히 보호자의 지도가 미약하여 잦은 가출과 장기간 무단결석을 하는 아이들의 경우 범행(절도, 폭행, 성매매 등)에 노출될 우려가 커 통고가 필요하다고 본다.

EBS 〈세상에 나쁜 개는 없다〉라는 프로그램이 있다. 문제행동을 하는 반려견의 행동을 올바르게 교정해서 사람과 갈등 없이 살아가는 것을 목표로 삼고 있다. 반려견에게 규칙을 알려주고 교정이 되는 모습을 보고 있으면 정말 놀랍다. 행동을 교정하는 수의사 선생님은 강아지를 좋은 강아지와 나쁜 강아지로 보지 않는다. 소리 지르고 때리지 않아도 교육을 통해 행동이 바뀌게 된다. 원래부터 나쁜 개는 아니다.

세상에 나쁜 개는 없는 것처럼 사람도 마찬가지다. 아이의 잘못된 문제행동의 원인을 파악하고 교정하기 위해 억압하고 폭력을 쓸 것이 아니라 이해와 공감을 통해 잘못된 행동을 바로잡아야 한다. 태어나면서부터 나쁜 아이는 없다. 어른들의 사랑과 관심만이 아이를 바꿀 수 있다.

06

우리 아이는 과연 안녕한가

최근 여자 배구선수에게 학교폭력 피해를 보았다고 주장하는 글이 SNS상에 퍼졌다. 그 후 스포츠계, 연예계에서 이름만 들어도 알 법한 사람들이 학교폭력 가해자로 지목되어 가해를 인정하거나 부정하는 모습이 언론에 연신 보도되고 있다. 현직 배구선수 학교폭력 피해자들이 커뮤니티 사이트에 올린 만행들은 상상 이상이었다. 피해 내용으로 금품 갈취, 도둑질, 흉기 위협, 가혹행위, 폭언 등이 있었다.

학교폭력 피해자들은 그동안 숨겨왔지만 잊을 수 없을 정도로 고통스러웠던 과거의 경험이 떠올랐을 것이다. 괴롭힘을 견디지 못한 후배들이 선수 생활을 접을 정도였다고 한다. 얼마나 힘들었을지는 겪어보지 않는 이상 알 수 없을 것이다. 말로만 들어도 누구라도 분노하고 화가 치밀어 오를 것이다. 이렇게 피해자들의 슬프고 억울한 감정들이 터져 나와 '학교폭력 미투'로 번지게 되었다.

경찰은 해마다 학교 운동부 학생들을 대상으로 '학교폭력 실태 전수조사'를 실시한다. 내가 근무했을 때 실시했던 설문 결과를 보면 수사를 할 만한 내용이 거의 나오지 않았다. 운동부 학생들은 최고의 선수가 되기 위한 목표를 갖고 있어 힘든 훈련과 고통도 마다하지 않는다. 선배들이 욕설, 폭행 등 피해를 주거나 불합리한 요구를 하더라도 선수 생활을 위해서 일이 커지는 것을 우려하여 순응하며 참는 경우가 많을 것이다.

교육부 주관으로 올해 7월 26일부터 5주간 초·중·고교에 재학 중인 학생선수 6만여 명을 대상으로 폭력피해 전수조사를 진행하고 있다.

지난해 체육계에서 감독, 코치 등 지도자들의 상습 폭행과 상해로 22세의 유망한 선수가 생을 마감한 사건이 있었다. 이를 계기로 '학생선수 인권 보호 강화 방안'에 따라 폭력 피해 전수조사가 정례화되어 최초로 실시되고 있다.

지속적·반복적 폭력이 이루어졌거나 조직적 은폐·축소가 의심되는 사안일 경우 교육부와 시도교육청 합동으로 특별 조사도 추진되고 전수 조사 실태 파악 후 가해 학생과 가해 지도자에게 엄정한 후속 조처가 내려진다고 한다. 우리 아이들이 억압과 부조리를 마음 편히 폭로할 수 있을 것인가? 앞으로의 문제를 미리 방지할 수 있을까?

학계, 예술계, 체육계든 힘과 권력을 이용한 폭력의 경우 피해자가 폭로하거나 피해자의 자살로 인해 폭력 문제가 수면 위로 드러나게 된다. 문제가 드러난 뒤 가해자만 엄벌한다고 해서는 문제가 근본적으로 해결될 수 없다. 우리 사회 문화의 구조적인 문제이기 때문에 구성원들의 인식개선과 연대가 없다면 매번 사후 약방문식 해결에 그치게 될 뿐이다.

세2차 세계대전 수백만 명 유대인 학살의 전범인 '아돌프 아이히만'. 1961년에 예루살렘에서 열린 재판에서 그는 유죄를 선고받았다. 재판을 끝까지 지켜본 철학자 한나 아렌트는 말한다.

"그는 아주 근면한 인간이다. 이런 근면성 자체는 결코 범죄가 아니다. 그러나 그가 유죄인 명백한 이유는 아무 생각이 없었기 때문이다."

공감하고 자각하는 힘이 없는 사람이 어떻게 행동하게 되는지 가장 잘

보여주는 사례이다. 앞서 이야기한 체육계 폭력뿐 아니라 학교폭력 등과
도 관련지어 군중과 집단 속에 살아가는 우리에게 시사하는 바가 크다.

학교에서 가해 주동자 주변의 학생들. 협력자, 동조자, 목격자, 방관자
라 불리는 이들은 조직에서 근면 성실하게 학교생활을 하는 아이들이다.
친구가 학교폭력의 피해로 고통받고 있지만, 도덕성 감수성이 부족하여
친구의 슬픔에 공감하고 폭력이 잘못되었다는 판단을 할 수 있는 능력이
부족하다. 미성숙한 아이들이 10대 시절에 공감 능력과 비판적으로 사고
할 수 있는 능력을 교육을 통해 함양하지 않으면 제2의 아이히만이 될지
도 모를 일이다.

1957년 범죄학자인 시이크스 & 맛차가 범죄자들을 연구한 결과 '중화
이론'을 제시했다.

　1. 책임의 부인 : 내 잘못이 아니다

　2. 피해자의 부인 : 피해자가 자초한 일

　3. 가해의 부인 : 때린 건 그냥 장난이었다

　4. 비난자에 대한 비난 : 남들에 비하면 나는 별거 아니다

　5. 더욱 높은 가치에 대한 호소 : 의리 때문에 동조했다

『경찰학 사전』에 따르면 범죄자들이 관습적인 가치와 태도들을 지니고

있어 그 특정 형태의 행동이 나쁘다는 것을 인정하지만, 자신들의 죄의식을, 피할 수 있게 해주는 방식으로 그 행동을 정당화한다고 설명하고 있다.

학교폭력의 가해 학생들을 면담해보면 중화 이론과 맞아떨어진다는 생각이 들었다. 자신들의 행동을 정당화하기 위해 피해자에게 책임을 전가한다. 가해 행동은 장난이고 자신들이 하는 나쁜 행위를 대수롭지 않게 생각함으로써 죄의식 없이 비행을 저지른다.

언론에서 심각한 학교폭력 범죄나 잔인하고 흉포한 청소년 범죄가 보도될 때면 여론에서는 가해자를 엄벌해달라고 청원하고 소년법 폐지나 연령 기준을 낮춰야 한다고 주장한다. 의견이 분분하지만 많은 전문가가 처벌한다고 범죄 예방 효과가 있는 것은 아니라고 한다. 아직은 어리고 미성숙하기 때문에 교화해야 한다고 한다.

가정법원에서 소년보호재판을 열게 되면 1호부터 10호까지 보호처분 결정하게 된다. 그 중 '보호자 또는 보호자를 대신하여 소년을 보호할 수 있는 자에게 감호 위탁'을 하는 1호 처분이 있다. 보호자로 부모가 될 수도 있고 조부모, 시설의 장 등 가능하다. 그리고 보호자 외에 '보호자를 대신하여 소년을 보호할 수 있는 자'에게 소년을 위탁할 수 있는데 실무상 '위탁보호위원'이라고 한다.

이 위탁보호위원으로서 경찰관도 활동할 수 있다. 가정법원에 모집 신청서를 작성하여 제출하면 법원에서 선정 결과를 통보해준다. 내가 인천경찰청 여성청소년과에서 근무한 2020년에 처음으로 인천가정법원과 협업하여 학교전담경찰관(SPO)이 위탁보호위원으로 활동할 수 있도록 추진했다. 주기적으로 만나 면담이나 상담을 진행하면서 생활 전반적으로 지도, 감독하는 방법으로 활동하고 있다. 경미한 학교폭력으로 1호 보호처분을 받은 아이들의 경우 주로 초범이다. 이런 아이들은 초기에 비행 원인을 파악하여 성향과 행동을 개선하면 재비행을 저지르는 것을 방지하는 데 효과를 볼 수 있다고 한다.

학교전담경찰관(SPO)이 활동하면 좋은 이유가 있다. 가정법원에서 주로 경찰서 관내에 있는 학교의 학교폭력 가해 학생을 위탁하기 때문에 관내 학교를 담당하는 경찰관이 좀 더 세심하게 지도할 수 있다. 그리고 학교전담경찰관(SPO)은 학교폭력 가해 학생 중 선도·보호가 필요한 학생을 별도로 선정하여 면담 등을 통해 모니터링하여 재범이나 재피해를 방지하는 업무를 하므로 중복되는 학생이면 사후 관리까지 신경을 써서 관리할 수 있다.

어른들은 우리 아이들이 안전한 사회에서 행복하게 살 수 있도록 할 책무가 있다. 피해자는 당당하게 피해 사실을 폭로할 수 있게 이들의 손을 잡아 도와주고 잘못되었다고, 아니라고, 바꿔나가자고 해야 한다. 함께하는 것만이 우리 아이들이 안전하게 살 수 있는 세상으로 만드는 길이 될 것이다.

07

이 세상의 모든 아이는 소중합니다

"현재 고3 여고생입니다. 요즘따라 사는 거 자체가 너무 힘이 들어요. 살아가는 의미도 없고…. 내가 뭐 때문에 이렇게 살고 있는지도 모르겠어요. 고3 수험생이라서 스트레스는 극에 달해 있고 인간관계도 너무 힘들어서 요즘 너무 피곤하고 이러다 죽겠다는 생각이 계속 들고 사는 게 재미없어졌어요. 요즘 그냥 너무 힘들고 우울하고 남에게 얘기하고 적을 곳이 없어서…. 우울하고 암울한 글 써서…. 행복하게 사세요."

어느 여고생이 인터넷에 올린 글이다.

힘들어하는 여고생의 글을 읽으며 내가 고3 때는 어땠는지 생각해봤다. 학교−집, 집−학교를 반복하며 단순하게 살았다. 나는 고3 수험생이고 대학교에 들어가야 했기 때문에 공부했다. 고3 때의 삶의 목적은 어찌보면 입시였던 것 같다. 좋아하던 영화나 소설, 만화책을 끊었지만, 가요나 팝송이 유일한 스트레스 해소 방법이었을까? 20년 전이나 지금이나 고3 수험생의 고단함은 변함없이 똑같은 것 같아 서글프다.

'이생망'이라는 신조어가 있다. '이번 생은 망했어'의 줄임말로 자조적인 의미로 쓰인다. 정신의학과 김현수 교수는 저서 『요즘 아이들 마음고생의 비밀』에서 '이생망' 심리가 만들어진 이유에 대해서 말한다.

요약하자면 한국 사회의 획일적 기준(공부 잘하기, 좋은 대학 가고 돈 많이 벌기) 아래에서 아이들은 우수한 결과를 낼 능력이 없으면 인정받기 어렵다. 인정받기 위해서는 혹독한 경쟁에 내몰리고 밀리게 되면 철저히 남과 비교된다. 패배로 남겨진 아이들에게 남은 감정은 혐오감 또는 모멸감이다. 이렇게 아이들은 '이생망'의 고통 속에 살아간다.

이런 한국 사회에서 아이들이 존중받고 사랑받으며 살 수 있을까? 망한 감정의 시작은 어른이라는 일침에 아이들에게 미안한 마음이 든다.

학교폭력 예방 캠페인 등 학교전담경찰관 활동이 한창 활발하게 이루어지던 시기가 있었다. 학교폭력 예방을 위한 어머니 봉사 단체인 '폴리스 맘'이 경찰서별로 구성되었다. 등굣길 캠페인, 방학 기간 선도 활동, 수능 캠페인 등 아이들의 안전과 보호를 위한 활동이라면 적극적으로 참여해 주셔서 정말 감사했다. 폴리스 맘을 이야기한 이유는 어른들의 관심을 말하고 싶어서다. 아이들이 안전한지? 학교생활은 잘하는지? 하지만 맞벌이 가정이 많아서 엄마들이 예전만큼 아이에게 신경을 쓰지 못하고 있는 것이 우리의 안타까운 현실이다.

미국의 한 주에서는 학교폭력을 근절하기 위해 처벌을 대폭 강화했다고 한다. 90일 동안 2회 이상 다른 학생들을 공격할 경우 가해 학생의 부모는 250달러(약 30만 원)의 벌금을 내거나 최대 15일의 수감 생활을 해야 한다는 내용의 조례를 시행하고 있다. 가해자의 부모에게도 책임이 있기 때문이라고 한다. 역시 미국인가 싶었다.

우리나라도 언젠가는 미국처럼 차치 법규가 아니라 법률인 「학교폭력예방법」에 수감 규정까지 넣어야 할지도 모른다는 생각이 들었다. 현재 「학교폭력예방법」상 학부모 책임 규정 부분으로 가해 부모가 특별 교육을 이수하지 않았을 때 300만 원의 과태료를 부과한다는 규정만 있다. 하지만 이 규정으로 가정교육을 해야 하는 부모의 책무성이 강화된다고는 생각하지 않는다.

글을 쓰면서 학교폭력 문제를 다룬 중국 영화 〈소년 시절의 너(少年的

你》를 보게 되었다. 알고 보니 실화를 바탕으로 만들어진 영화였다. 영화 속에서 보여주는 과열된 입시 경쟁과 학교폭력의 심각성은 한국이나 중국이나 마찬가지였다.

주인공인 첸니엔의 같은 반 친구가 학교 옥상에서 자살한다. 아무도 죽은 친구를 보고 다가가거나 선생님에게 알리지 않았다. 이때 주인공은 다가가서 자신의 학교 점퍼를 덮어준다. 친구의 따돌림을 알아채지 못하고 도와주지 못한 마음이었을까? 그 일 이후 가해 학생들은 첸니엔을 따돌림 타겟으로 잡고 괴롭히기 시작했다. 매일 괴롭힘을 당하지만 도와주는 친구들은 없었다. 학교 선생님은 학생들이 공부에 집중해서 좋은 대학에 가기만을 바란다. 친구들은 나도 따돌림을 당할까 봐 무서워서 모두 방관한다.

영화는 절망적인 상황에서 첸니엔을 지켜주는 한 사람(소년)이 있어 따돌림을 극복하는 모습을 보여준다. 외줄 타듯이 살얼음판을 걷는 듯한 현실에서 무사히 시험을 치렀고 원하는 대학교에 들어가 선생님이 되었다. 영화 속 결론은 해피엔딩으로 끝났지만, 실제 피해 학생은 과실치사죄로 실형을 선고받았다고 한다. 그동안 괴롭힘으로 인한 피해가 참작되어 감형된 게 4년 반 정도라니 '중국은 우리와는 좀 다르게 미성년자에게도 중한 형을 가차 없이 때리는구나.'라는 생각이 들었다. 보는 내내 마음이 아팠고 여운이 남는 영화였다. 사실과 다르게 영화의 해피엔딩은 어쩌면 '우리가 학교폭력 문제를 해결할 수 있다'라는 희망의 메시지를 보여주는 것만 같았다.

정규 학교에 적응하기 힘든 아이들이 가는 학교가 있다. 위탁형 대안학교다. 학교에 적응하지 못하는 부적응 아이들의 적응 능력을 향상해 본교로 돌아가도록 하는 게 목적이다. 학교 부적응의 요인으로 가정의 위기(불화, 이혼 등), 또래 관계에서 따돌림을 당했다거나 부모나 교사와의 관계에서 상처를 받은 경우에도 대안학교로 간다고 한다.

그래도 대안학교에 가는 아이들은 당시의 고통과 괴로움을 벗어나고 싶어 하고 결국은 살고자 하는 아이들이다. 자의든 타의든 보호자가 챙겨주는 아이들이다.

인천시교육청 대안교육지원센터 서현석 센터장의 말이다. "우리 아이들이 한 사람의 어른만 제대로 만나면 됩니다. 아무리 집안이 엉망이고 가진 게 없고 뒷바라지가 전혀 안 되는 부모를 만났더라도 한 사람의 선생님, 친구, 선배, 주변 어른만 제대로 만나면 그 아이의 인생이 달라질 수 있습니다."

센터에서 아이가 부모와 함께 교육을 받을 때 부모에게 아이의 손을 잡아보라고 한다. 아버지와 아들 모두 당황스러운 표정으로 "네? 손잡으라고요?"라며 들은 게 맞는지 재차 확인한다. 아버지는 쭈뼛대며 아들의 손을 잡는다. 순간 하염없이 눈물이 쏟아진다. 아들도 같이 눈물을 흘린다. 초등학교 이후로 아들의 손을 잡아본 적이 없는 아버지는 손을 잡은 순간 아들에 대한 미안한 마음에 가슴이 메어와 한동안 말을 잇지 못한다. 눈물 없이 볼 수 없는 광경이다.

많은 부모가 자식은 낳았지만 돈 버느라, 일하느라 바빠서, 사는 게 정신없어 아이들을 제대로 보살피지 못한다. 이제라도 늦지 않았다. 아이의 이야기를 들어주고 손을 잡아주자. 아이들은 부모의 관심과 사랑이 그립단다.

나는 학교전담경찰관으로 일하면서 학교폭력 피해 · 가해 학생, 학교 · 가정 밖 청소년, 소년범인 아이들을 다양한 사건으로 만나고 겪어보았다. 만나본 아이들은 결코 나쁘고 못된 아이들이 아니었다. 부모의 과도한 기대와 보호 또는 방임, 친구가 좋아서, 공부가 하기 싫어서 그랬다고 한다. 이유가 어찌 되었든 이 세상에 태어난 모든 아이는 소중하고 보호받아야 할 가치가 있는 존재다. 누가 되었든 단 한 명이라도 힘들어하는 아이의 손을 잡아주면 한 생명을 구한 것일 수도 있다.

2장

학교폭력에
노출된
아이들

학교에 가기 싫은 아이들

학기 초에는 학부모, 학생, 교사 모두 긴장한다. 학부모는 '내 아이가 아이들과 잘 지내며 학교생활을 할 수 있을까?', '수업시간에 잘 따라갈 수 있을까?' 걱정한다. 아이들도 마찬가지다. 교사도 학생들을 파악하는 등 학급의 분위기를 파악한다.

학급 운영의 틀을 만들기 위해 고심하고 정신이 없을 시기다. 그리고 학교폭력이 많이 일어나는 시기이기도 하다. 동물의 왕국처럼 아이들끼리 나름의 서열을 정리하며 학급 분위기를 만들어나간다.

만약 아이가 어느 날 부모에게 학교에 가기 싫다고 한다면 부모는 어떻게 반응할까?

한 가지 반응은 아마도 감정이 앞서 "왜 안 가겠다고 하는 거야?", "넌 커서 뭐가 되려고 그래?"라는 등 핀잔을 주거나 아이의 기를 죽이는 말을 하며 억지로 학교에 보내려고 하는 것이다. 부모는 학생이라면 성실하게 학교에 가는 것을 당연한 것으로 생각하기 때문이다.

또 다른 반응은 당황해서 "왜 그래, 무슨 일 있었어? 엄마한테 말해봐."라고 근심 걱정을 하는 것이다. 아이가 싫다고 하면 우선 학교에 보내지 않는다.

부모는 아이가 학교에 가기 싫은 이유가 '그냥 놀고 싶어서', '공부가 재미없어서' 등 그런 것으로 생각한다. 생각해보면 부모 자신도 학창 시절 학교 가는 것이 엄청 재미있고 공부가 좋아서 가지는 않았을 것이다. 중학교까지는 의무교육이니 당연히 다녀야 했고 고등학교에 들어가니 남들 다 가는 대학에 가야 취직도 하고 먹고살 만하니 다녔을 것이다.

아이가 '학교는 공부하는 곳'이라고 생각하고 재미없고 지루하다고 생각해서 등교를 거부한다면 부모가 아이의 학업에 대한 기대가 커서 과도하게 교육을 하는지 살펴봐야 한다. 그리고 흥미를 갖도록 방법을 찾아서 적용해보면 된다.

아이들이 학교에 가기 싫은 데에는 여러 가지 원인이 있다. 새 학기 증후군, 부모의 공부에 대한 기대감과 집착, 아이 스스로 느끼는 학업에 대한 스트레스, 더 깊이 들어가면 가정 내 문제(부부싸움, 이혼 등)로 인한 이유도 있다.

하지만 학교폭력, 따돌림을 당해 괴로워서 가기 싫다고 하는 것이라면 상황은 달라진다. 폭력이나 왕따를 당하는 아이들에게 학교는 지옥처럼 느껴질 것이다. 친구들이 자신을 싫어하고 피하는 것을 알게 되면 자존감이 떨어지게 된다. 그리고 상황을 회피하고 싶어 학교에 가기가 싫어지게 될 것이다.

아침마다 학교 가기 싫다고 떼를 쓰는 중학생 자녀를 둔 엄마가 답답하다고 하소연을 했다. 아들이 피해를 보고 있는데 친구들한테 싫다고 말도 못 하고 그냥 학교에 가기 싫다고 한다는 것이다. 아이가 마음이 약하고 여려서 친구한테 싫어도 싫다고 말을 못 하고 끙끙 앓는 성격이라고 했다. 다른 아이가 자녀의 물건을 빌리면 안 주거나 늦게 주고 핸드폰을 빌려달라고 해서 건네주면 아들의 핸드폰으로 통화를 하는 등 아이를 괴롭히는 행동을 한다고 한다.

아이는 한두 번의 괴롭힘만으로 학교에 가기 싫다고 한 것이 아니었다. 처음에 친구의 요구를 들어주니 계속 요구하기 시작했다고 한다. 가해 학생은 피해 학생이 마음이 약한 점을 이용하여 티가 안 나게 괴롭혔다. 아이는 친구에게 불만을 표시했으나 먹히지 않았고 친구 관계에 문제가 생기는 것이 싫어서 계속 들어주었다. 그러나 아이도 지쳤는지 인내심의 한계에 부딪혀 회피를 선택하기로 한 것이다. 부모는 자기 아이가 내성적이고 소심해서 피해를 보는 것으로 생각한다면 보다 적극적으로 적절한 대처를 해야 한다. 그렇지 않으면 아이는 더 굴속으로 들어가려 할 것이다. 어른들의 적절한 개입이 없다면 아이는 계속 학교에 안 가겠다고 하고 결국 부모와 아이 모두 힘들어질 수 있다.

학교폭력의 발생 시기는 학기 초다. 매년 교육부의 학교폭력 실태 조사가 4월, 9월 실시되는 것만 봐도 그렇다. 학기가 시작하고 한두 달이 지나면 나타나기 시작한다. 부모는 학기 초에 중점적으로 아이를 관찰해야 한다. 초기에는 아이가 낯선 환경에 적응하는 시기라서 다소 의기소침해 있더라도 크게 의심이 가지는 않을 것이다. 하지만 시간이 지났는데도 아이가 학교에 적응을 잘하지 못하고 가지 않겠다고 하면 이유가 무엇인지 파악해보아야 한다.

부모는 아이가 학교폭력을 당해서 학교에 가기 싫어한다는 것을 알게 된다면 먼저 아이의 말부터 들어보아야 한다. 그리고 아이를 보다 객관적으로 파악하기 위해서는 담임 선생님에게 상담을 요청하는 것도 좋은 방법이다. 집에서 부모와 함께 있는 아이의 모습과 학교에서 생활하는 아이의 모습은 엄연히 다를 수 있다. 담임 선생님께 자녀가 학급에서 친구들과 어떻게 생활하고 어울려 지내는지 물어보자. 아이의 생활과 태도를 객관적으로 볼 수 있는 사람이 담임 선생님이기 때문이다. 아이의 현재 상태에 대해 선생님에게 이야기하고 개선할 방법을 논의해본다면 사안이 발생해도 원만하게 해결될 수 있다.

학교폭력 사안이 발생하면 일차적으로 피해 학생에 대한 사실 관계 파악과 보호 조치가 이루어진다. 그리고 더 중요한 부분이 있다. 가해 학생의 행동에 대한 문제점을 파악하고 앞으로 가해 행위가 재발하지 않도록 예방하고 교육하는 것이다. 가해 행위에 대한 처벌만이 능사가 아니다. 가해 학생에게 적절한 사후 지도와 교정이 이루어지지 않으면 가해 학생이 진정으로 깨우치고 반성하기가 어려워진다. 피해 학생과의 관계 개선도 형식적으로만 이루어질 뿐이다.

위의 사례에서 가해 학생의 행동을 보면 피해 학생의 물건을 돌려주지 않거나 늦게 주는 등 소유 개념이 잘 형성되지 않은 듯한 모습을 보인다. 남의 것에 대한 인식이 부족하면 빌린 것을 안 주고 허락 없이 사용하는

데 죄책감을 느끼지 않는다. '빌렸는데 무슨 잘못이 있냐'는 식으로 오히려 화를 내게 된다.

소유 개념이 잘 형성되지 않으면 남에 대한 배려심이 부족해지고 또래 관계를 원만하게 유지할 수 없게 된다. 그리고 친구에게 피해를 주기도 하지만 반대로 친구들에게 따돌림을 당할 수도 있다. 이런 성향은 도덕 성과도 연관되어 있다. 어른들이 반드시 소유 개념을 알려주어 바로잡아 주어야만 할 것이다. 남의 물건을 빌리면 이후에 반드시 되돌려주어야 한다는 사실을 알려주자.

부모와 교사의 지도가 이루어지지 않으면 최악의 상황으로 청소년기에 절도하거나 친구에게 금품 갈취까지 하게 될 수도 있다. 형사 입건되어 경찰과 검찰, 법원 등 사법 기관에서 선도가 이루어질 수 있다. 호미로 막을 것을 가래로 막는 격이 될 수 있으니 잘못된 문제행동에 대해서 확실한 지도가 이루어져야 할 것이다.

아이들은 이유 없이 학교에 가기 싫다고 하지 않는다. 아이 나름대로 고민이 있어서 부모에게 말을 한다. 대수롭지 않게 생각하고 나아지겠거니 하고 넘기기보다 자녀의 이야기에 귀 기울이고 대화를 통해서 확인해보자.

학교폭력의 피해로 인한 괴로움과 고통은 아이의 마음에 잠시 머물다가 사라지는 것이 아니다. 한평생을 쫓아다니는 트라우마가 되어 심각한 문제가 될 수 있다. 내 아이가 학교폭력 피해로 학교에 안 가려고 하는 것은 아닌지 반드시 확인하고 대처한다면 부모는 아이에게 든든하고 확실한 안식처가 되어줄 수 있을 것이다.

아이들이 보내는 작은 신호

교실 속 카스트제도라는 말을 들어봤을 것이다. 인도의 카스트제도처럼 학급 내에도 서열이 존재한다. 힘이 세거나 학교에서 위력을 과시하는 불량한 아이들은 서열의 정점에 있고 따돌림, 학교폭력 피해를 보는 아이들은 피라미드에서 제일 하위에 자리 잡고 있다. 학교라는 공동체 안에서 피해 학생은 자신을 괴롭히는 아이들을 볼 수밖에 없어 점점 학교에 가기 싫어진다.

"학교공동체에서는 단순명쾌하게 상대하지 않는다는 것이 불가능하다. 아침부터 저녁까지 '함께 지내며 함께 성장하는 관계'를 강제하는 학교에서는, 심리적 거리를 사적으로 조절하는 것이 실질적으로 금지되어 있다. 생판 모르는 사람끼리도 '서로 친구로서' 온종일 얼굴을 마주하고 부대끼며 공생하지 않으면 안 된다."

나이토 아사오의 저서 『이지메의 구조』에 나온 문장이다. 학교공동체라는 환경에 의해 아이들의 정신적 고통은 배가 된다. 실질적으로 학교가 없어지지 않는 이상 불가피한 상황이다. 저자는 거리에서 누군가 어떤 사람에게 폭행하는 것을 목격하면 경찰에 신고하는 것이 당연하나 학교에서는 학생이 동급생에게 폭행이나 상해를 당하면 학교를 제쳐두고 경찰에 신고하면 비난받는 것은 가해자가 아니라 피해자나 목격자 쪽이라며 비판한다.

그 당시 일본의 학교폭력 대응을 비판했지만, 우리의 현실도 학교에서 아이들을 제대로 보호해주지 못하고 있다는 것은 부인하지 못할 사실이다. 부모가 학교폭력 흥신소에 의뢰하여 아이를 보호하려고 한다. 얼마나 절박하기에 그런 선택까지 하려고 하는지 생각해볼 문제다.

학교폭력을 당하는 아이에게 은연중 나타나는 작은 신호들이 있다. 작은 신호들은 부모가 평상시 학교폭력에 관해 관심을 두고 자녀가 혹시 피해를 받거나 친구에게 가해할지 생각해보지 않는다면 눈치채기 힘들 수 있다. 더군다나 사이버 불링(Cyber Bullying)이라고 불리는 사이버상 괴롭힘의 경우 부모님이 자녀의 스마트폰을 가져와 일일이 뒤져볼 수 없으므로 더욱 알기 힘들다.

학생의 불법 도박 피해 사례가 들어와 알게 된 사안이다.

전교 5등 안에 드는 모범생을 둔 엄마는 아들이 '참고서를 사야 한다'고 할 때마다 돈을 줬다고 한다. '다른 때보다 많이 달라고 하네'라고 생각은 했지만, 아들이 공부를 잘하기 때문에 지원을 해줘야 한다고 생각해서 줬다고 한다.

그런데 어느 날 아이가 엄마한테 와서 울면서 실토했다고 한다. 실은 공부를 하면서 스트레스를 받아 불법 스포츠 토토를 하게 됐는데 헤어나올 수가 없었다고. 계속 잃으면서도 친구한테 돈을 빌려서까지 하게 됐다고 한다. 그런데 빌린 아이들이 학교에서 돈 좀 있는 노는 아이들이라서 빨리 갚지 않으면 때린다고 협박하고 선생님께 말한다고 해서 무서웠다고 한다. 도저히 해결할 방법이 없어서 엄마에게 이야기한 것이다.

엄마는 아들의 이야기를 들으니 너무 속상해서 눈물이 나왔다고 한다. 아들이 공부하느라 그렇게 스트레스받아 도박까지 할지 몰랐다며 자책했다.

요즘 청소년 도박이 심각하다고 한다. 한국도박문제관리센터에서 실시한 「2020년 청소년 도박문제 실태조사」에 따르면 온라인에서 돈내기 게임 비중이 꾸준히 증가하고 있고 온라인 비중 증가가 불법 인터넷 도박으로 이어져 문제가 된다고 한다. 도박성 게임을 하는 초등학생 경험률도 48.4%로 급증해 저연령화도 문제가 되고 있다. 청에서 청소년 업무를 할 당시 학생들 간 대리입금 사례도 꽤 있었다. 음지에서 이루어지는 온라인 도박에 대한 대처가 시급한 상황이다. 저학년 대상 조기교육을 실시하고 상담과 치유를 위한 지원도 확대해야 한다.

학교폭력이 스마트폰이나 인터넷 등 가상공간에서 이루어지듯 온라인 게임에서 도박까지 이어질 수 있다. 그리고 예전처럼 소위 '논다는 아이들'이 하는 것이 아니라 공부 잘하는 아이들까지도 도박 게임에 손을 대고 있다. 요즘 학업 스트레스가 커서 해소해야 하는데 술, 담배는 신분증 검사로 예진처럼 쉽게 사기 어려워져서 진입이 수월한 불법 스포츠 토토를 한다고 한다. 청소년 도박 문제가 학교폭력 문제로도 이어지기 때문에 학교와 교사도 경각심을 가지고 접근해야 할 것이다.

사춘기 아이들에게 '친구는 목숨'이라고 할 정도로 또래 관계가 무엇보다 중요하다. 밤늦게까지 수다 떨고 어울리며 시간 가는 줄도 모른다. 귀가 시간이 늦어진다는 것이 학교폭력 가해자나 피해자의 징후인지 아니면 사춘기 아이의 모습인지는 잘 살펴봐야 한다.

자녀가 친구들과 어울려서 다니며 늦게 귀가하게 되면 학교폭력 가해 행위에 연루될 수 있다. 또한, 피해자가 되기도 한다. 부모가 아이들의 비행이나 학교폭력을 예방하기 위해서는 규칙이 필요하다. 이때 임의대로 정하면 안 지킬 수도 있고 늦었을 때 일관성이 없이 훈계하게 되면 반감만 불러오게 된다. 따라서 실현 가능한 규칙을 세워야 할 것이다.

다음은 제인 넬슨의 『긍정의 훈육』에 나오는 귀가 시간에 대해 힘을 길러주는 훈육법이다.

• 몇 시까지 돌아올지 자녀가 이야기하도록 하고 시간을 지킬 수 있도록 한다. 만약 그 시간에 돌아오지 않으면 부모가 귀가 시간을 정할 것이고 그 시간을 지켜야 함을 알려준다.
• 서로 존중하는 태도로 귀가 시간에 관해 이야기하고 만약 귀가 시간을 지키지 못하면 미리 전화해서 허락을 받아야 한다는 사실을 알려준다.
• 자녀가 부모님이 없는 곳에서 밤늦게까지 놀겠다고 하면 주저 없이 "안 돼!"라고 단호하게 말한다. 때로 부모는 악역을 맡아야 한다.
• 청소년의 세계를 이해하려고 노력한다. 다양한 질문을 통해 청소년의 세계를 알 수 있다.
• 당신의 자녀가 지금 하는 일이 삶에 어떤 영향을 미치는지 생각할

수 있도록 격려하고 자녀에게 믿음을 표현한다.

경찰서에서 소년범 비행 분석을 해주시는 범죄심리사 선생님과 나눈 이야기가 생각난다. 아이들이 부모의 말을 듣지 않고 반항을 하는 이유가 일관성이 없는 훈육 방식 때문이라고 했다. 아이가 밤늦게 들어오면 제대로 된 훈육을 해야 하는데 카톡으로 "빨리 들어와."라고 하고 끝이다. 집에서 아이를 보면 밥 차려주고 더는 훈계를 안 한다고 한다. 그리고 아이는 새벽에 나가고 또 늦게 들어가고 똑같은 패턴이 반복된다. 그렇게 하면 부모는 아이에 대한 통제력을 이미 상실한 거나 마찬가지이다. 아이에게 적절한 제재를 가하지 않는다면 피해를 보는지 가해를 하는지 제때 파악해서 대처하기가 어렵다.

112 범죄 신고가 들어와 출동하면 어떤 사안이든지 초기 대응이 제일 중요하다. 자녀의 학교폭력을 예방하기 위해서는 부모의 평상시의 역할이 중요하게 된다. 학교에 다녀오면 몸을 살핀다거나 행동이 바뀐 부분은 없는지, 학교생활에 관해 물어보며 소소하게 대화하면 피해의 징후도 잘 캐치해낼 수 있다. 아이가 학교폭력, 따돌림 등으로 힘들어한다면 내 아이에게 어떤 문제가 있고 원인이 무엇인지 파악하고 해결해나가야 할 것이다.

03

욕설이 싸움을 재촉한다

내가 중·고등학교 다닐 때 학급 친구들을 생각해보면 반에서 1, 2명 정도 비속어를 사용했던 것 같다. 속칭 날라리, 양아치라 불리는 애들 정도였다. 그런데 요즘 청소년들은 '존X', '씨X', '미친X' 등 비속어, 욕설이 섞인 대화가 일상일 정도로 욕설과 비속어를 많이 쓴다. 지나가면서 모여서 이야기하는 학생들의 대화를 들어보면 깜짝 놀랄 때가 꽤 있다.

학교폭력 실태 조사 결과를 보면 학교폭력에서 언어폭력이 차지하는 비중은 매년 제일 높다. 학생들이 욕설이나 비속어를 사용하는 빈도가 증가하게 된 원인은 분명히 있다.

첫째로 TV, 인터넷, 스마트폰 사용 확산으로 아동과 청소년들이 방송·통신 매체에 접근이 쉬워졌다는 것을 들 수 있다. 지상파는 그나마 제재를 받기 때문에 필터링하지만, 종합편성 채널이나 영화는 인물들의 대사에서 욕설이 여과 없이 드러난다. 아이들은 자극적인 부분에 호기심을 갖고 예민하다. 그래서 더 따라 하고 싶고 흉내 내려고 하는 경향이 강하다. 욕설이나 거친 말을 하면 상남자 같거나 걸크러쉬처럼 보인다고 생각하는 모양이다.

두 번째는 또래 환경이다.

일례로 친구의 동생이 초등학교 4학년 때였다. 어느 날 동생이 학교를 마치고 집에 왔는데 동생이 욕을 하는 것을 들었다고 했다. 깜짝 놀라서 "너 그 욕 어디서 배웠어?"라고 물었더니 "친구들이 다 쓰던데?"라고 아무 생각 없이 말을 하더라는 것이었다. 그리고 다음 해, 이사를 하게 되어 전학하게 되었다. 그 학교에서 만난 아이들은 욕을 쓰지 않았는지 동생이 욕하는 것을 들어본 적이 없다고 했다.

아이들은 또래 친구들의 영향을 많이 받는다. 어른들은 당연히 욕은 나쁘므로 쓰지 말라고 하는데 아이들은 "그럼 친구들하고 어떻게 대화가 돼?", "욕을 안 쓰고 어떻게 말을 해?"라고 받아친다. 학생들은 욕이 안

섞이면 대화가 안 된다고 한다.

세 번째는 아이들의 스트레스가 예전보다 높아졌기 때문이다. 공부로 인한 스트레스, 부모에게 받는 스트레스다. 요즘은 아이를 한두 명만 낳기 때문에 자녀에 대한 기대감이 높다. 부모의 공부 욕심에 하기 싫은 공부 한다고 스트레스를 받을 것이다. 아이들은 분명 내면의 스트레스와 분노를 욕을 통해 발산해서 해소하려고 하는 것처럼 보인다.

아이들이라고 스트레스가 없는 것이 아니다. 부모는 없는 거 없이 해 줬는데 무슨 애가 스트레스를 받냐고 말할 수 있겠지만 어른들이 모르는 아이들만의 세계가 있다.

언어폭력 사안을 보면 발단은 욕설이다. 심의위원회로 회부되진 않더라도 아이들끼리 싸워서 중재할 때 가해 학생 이야기를 들어보면 "쟤가 먼저 저한테 욕했어요!"라고 분해하고 억울해하는 모습들을 많이 보게 된다. 어른이나 아이 할 것 없이 누구나 남한테 욕을 들으면 기분이 좋을 리가 없다. 물론 욕을 듣고 폭력을 행사한 가해 학생의 행위가 정당화되는 것은 더욱더 아니다. 하지만 말은 남과 원활한 의사소통을 위한 도구인데 도구를 잘못 써서 갈등을 유발하는 사람도 책임이 있다고 본다.

최근에는 사이버 공간에서 욕설로 인한 언어폭력이 많이 발생한다. 한

연구 결과에 따르면 사이버 언어폭력을 저지른 집단과 저지르지 않은 집단으로 나눠 차이를 살펴보니 자기 통제가 낮을수록, 부정적 자아와 부가 주는 스트레스가 높을수록 사이버 언어폭력을 저지를 가능성이 컸다고 한다. 사이버 학교폭력 가해 학생과 사이버 모욕, 명예훼손죄로 입건된 소년범을 만나보면 내면에 화와 분노가 쌓여 있고 감정 조절이 어려운 청소년들이 많다. 사이버 공간에서는 감정을 드러내기 쉽다. 가상의 공간에서 서로 얼굴을 볼 수 없어 기분, 감정을 즉각 말로 표현한다. 보통 소통에 어려움이 있는 학생들이 언어로 올바르게 표현하는 방법을 모르기 때문에 표현하기에 쉬운 욕을 자주 사용하곤 한다. 당장 분노와 스트레스가 풀리는 효과는 있을지 모르겠지만 습관이 되면 아이들은 공격적이고 충동적으로 행동하기 쉽다.

나는 학교에 가서 학교폭력 예방 교육을 할 때 언어폭력에 관해서 이야기하면 학생들에게 입 밖으로 대놓고 말했다. "여러분, 친구들하고 대화할 때 '존X', '씨X' 등등 욕 많이 쓰죠? 제가 '존X', '씨X' 하고 말하면 듣는 여러분 기분이 어때요? 제가 좋아 보이나요?" "아니요!!" 아이들은 눈이 커지면서 고개를 절레절레 흔든다. 경찰관이 와서 비속어를 쓰니 놀라기도 했을 것이다.

아이들은 또래라는 울타리에서만 지내고 아직 세상을 모른다. 안다고 해도 밖으로 나가기가 두려운 시기다. 또래들끼리 생활하기에 무엇인가 잘못을 저질러도 인식도 없고 자각도 없다. 아이들은 간접 체험이라고 하더라도 겪어보게 하면 느낄 수 있다.

경찰청은 교육부와 협업으로 '청소년 경찰학교'를 운영하고 있다. 학교폭력 예방 프로그램으로 역할극 체험을 진행하고 있다. 역할극 선생님의 주도로 학생 2명을 지명해서 나오게 한 다음 욕하는 부모와 자식 역할을 하게 한다. 끝나고 나서 역할을 맡은 학생의 이야기를 들어보면 "욕하는 부모를 생각하는 것만으로도 끔찍해요. 체험이지만 욕을 들으니까 기분이 나빠요. 저도 바른 말을 쓰려고 노력해야겠어요."라고 말한다.

교육청에서는 학교폭력에서 언어폭력이 차지하는 비중이 높기에 언어문화 개선을 통한 학교폭력 예방 정책을 꾸준히 시행하고 있는 것으로 나는 알고 있다. 어릴 때는 지식, 교육 등 흡수가 빠르므로 반복적인 교육을 통해 체화시킬 필요가 있다.

담임 선생님은 학급에서 욕설을 자주 하는 아이가 있다면 상담을 좀 더 심층적으로 할 필요가 있다. 욕을 하게 된 원인을 알아보고 부모와 상담을 통해 가정에서도 지도할 수 있도록 방안을 모색해보도록 하자.

아이들이 욕을 습관적으로 쓰는 면도 있지만, 성인이 되면 그 습관은 자연스럽게 없어질 수도 있다. 자존감이 높은 아이는 욕설을 하지 않는다. 자신의 가치와 수준이 저급해 보일 수 있기 때문이다. 성인이 되면 남들의 시선으로 인해 자연스럽게 욕을 자제하고 안 하게 되는 사람도 있지만, 욕설한다는 것만으로도 자신의 존재 가치가 떨어져 보이기 때문에 스스로 깨우쳐 사용하지 않는다.

"가는 말이 고와야 오는 말이 곱다."라는 속담이 있듯이 욕설을 하면 상대방도 좋은 말이 나올 리가 없다. 세상을 살아가면서 사람들과 좋은 관계를 형성하기 위한 대화, 의사소통 원칙의 기본은 바른말, 예쁜 말 쓰기다.

부모는 아이의 말투, 표현을 세심하게 귀 기울여 듣고 관심을 가져야 한다. 부모는 아이들의 거울이다. 아이가 욕을 한다면 원인을 찾아보고 부모의 말투와 표현도 점검해보자.

지나치게 내성적인 아이, 따돌림 당한다

성격이란 개인이 지닌 고유의 성질이나 품성을 말한다. 내 아이가 어떤 성향의 아이인지 궁금해서 내향형·외향형, 사고형·감정형 등으로 나누는 MBTI 성격 유형 검사 등 기질 검사를 해보고 자녀의 성격 유형을 알고 싶어 하는 부모들이 많다.

하지만 옆에 같이 있는 부모는 성격 검사지를 보지 않아도 내 아이가 활발한지 얌전한지, 소심하고 내성적인지 또는 적극적이고 외향적인지 그 누구보다 잘 알고 있다.

지나치게 소심하고 내성적인 아이는 학교폭력 피해자가 되기 쉽다. 대개 자신감이 없고 자기주장을 표현하기 어려워하기 때문에 또래 관계가 힘들 수 있다. 교육부 자료에 따르면 아래 나열한 성격 유형 중 4가지 이상의 항목에 해당하면 소심하고 내성적인 성격이라고 한다.

1. 대인관계에서 수동적, 복종적이고 순응적이다.
2. 수줍음이 많고 앞에 나서기를 싫어하는 편이다.
3. 사소한 결정도 쉽게 내리지 못해 큰 어려움을 겪는다.
4. 다른 사람이 나를 어떻게 생각하는지에 민감하다.
5. 혼자 있거나 소수의 친구와 있을 때 더 편안하게 느낀다.
6. 호감을 주고 있다는 확신이 들지 않으면 상대방과 만남을 피한다.
7. 비난, 거절이 두려워 대인관계가 필요한 활동은 회피한다.

민석이는 초등학교 5학년 남학생이다. 유난히 체격이 작고 내성적인 성격으로 친한 친구가 없었다. 더군다나 눈이 사시라서 어린아이들 눈에는 정상적인 아이처럼 보이지 않아 민석이를 멀리하는 아이들이 있었다.

같은 학급의 다훈이라는 아이가 주도적으로 따돌리기 시작했다.

"야, 너 쟤랑 놀지 마. 사시한테 가까이 가면 옮는대!!"

아이는 그 말을 듣고 눈병 옮듯 생각해서 민석이를 가까이하지 않았다. 그리고 체육 시간에 티볼을 하게 되면 "사시라서 공 헛치는 거 봐 크크크."하고 친구들이 놀려댔다.

따돌림 피해를 알게 된 담임 선생님은 민석이를 불러서 상담하고 위로해주었다. 다시 피해를 보지 않도록 가해 학생들의 행동이 잘못된 행동이라고 일러주고 피해 학생, 가해 학생 부모에게 연락하여 가정에서 지도가 이뤄지도록 했다.

담당하고 있는 초등학교 선생님께 연락이 왔다. 학급의 아이가 따돌림 당하고 있다는 것이다. 4학년인 시윤이는 소심하고 내성적인 아이다. 남들 앞에서 발표하는 것을 부끄러워하고 두려워한다. 발표만 하면 떨리는 목소리로 말하고 울먹이고 책도 크게 소리 내서 읽지 못한다. 학급 친구들은 이런 시윤이를 놀리기 시작했다. 친구들의 놀림과 따돌림이 반복되자 학교 적응이 힘들어졌고 엄마가 알게 되어 선생님이 인지하게 된 사안이었다.

이렇게 자신감이 없고 소심한 아이들은 학교에 적응하기 어렵고 친구한테 관심은 있는데 다가가지 못하고 자기주장도 잘하지 못한다. 당연히 학교, 친구 관계에서의 사회성이 떨어질 수밖에 없다.

가해 학생이 내성적이고 소심한 아이를 따돌리는데 다른 아이들마저도 피해 학생이 괴롭힘을 당하도록 방관하거나 동조한다. 아이들이 가해자와 방관자가 되는 이유는 피해자의 아픔에 공감하는 능력이 부족하고 가해자의 힘을 두려워해서 복종하기 때문이다.

집단 괴롭힘에 대처하는 올베우스 4대 규칙이 있다. 학교에서 학교폭력 예방을 위해 활용하는 프로그램에 언급된 내용이다.

– 우리는 다른 친구들을 괴롭히지 않을 것이다.
– 우리는 괴롭힘을 당하는 친구들을 도울 것이다.
– 우리는 혼자 있는 친구들과 함께할 것이다.
– 만약 누군가가 괴롭힘을 당하게 된다는 것을 알게 되면, 우리는 학교나 집의 어른들에게 이야기할 것이다.

학급에서 괴롭힘당하는 학생이 없는 평화로운 학교를 만들기 위해서는 교사의 지도로 학생들이 주도적으로 참여해야 한다. 아이들의 공감이 없는 형식적인 일회성 교육으로는 개선이 없으므로 학교에서는 반복적인 연습이 필요하다.

부모는 내 아이가 지나치게 소심하고 내성적이라면 이유가 무엇인지 살펴봐야 한다. 말로 아이에게 상처를 주지 않았는지, 잘하는 점을 칭찬하기보다 못하는 점에 지나치게 엄격한지, 부모의 대인관계는 어떠한지 등 평상시 사소한 것들에 주의를 기울이며 점검해봐야 한다.

우리 아이를 좀 더 적극적이고 의사 표현도 잘하는 자신감 있는 아이로 키우려면 어떻게 해야 할까? 『우리 아이 나쁜 버릇 바로잡기』의 이정은 작가는 아이가 주눅 들지 않고 자신감을 가질 방법을 다음과 같이 제시하고 있다.

1. 재촉하거나 야단치지 않는다. 아이의 실수나 실패에 대해 무섭게 혼내기보다 아이의 의견을 존중해주고 격려해준다.

2. 존중하는 말을 쓴다. 부모가 존중하는 말을 해주면 아이에게 자신감과 자존감이 생기고 아이는 훨씬 더 적극적이고 긍정적인 사고를 하게 된다.

3. 놀이에서 성취감을 맛보게 한다. 성취감과 자신감을 맛볼 수 있는 조립완구나 활동성이 요구되는 악기류, 자전거 등 가지고 놀게 하자. 또 어떤 일을 하거나 물건을 살 때 아이에게 선택권을 준다.

4. 바깥 놀이를 시킨다. 소심한 아이일수록 바깥보다 집 안에서 놀고 싶어 하지만 부모가 놀이터에서 낯선 친구들과 부딪칠 수 있는 시간을 만든다. 위험한 놀이라고 생각되면 "안 돼"라기보다 "한번 해봐"라고 체

험 동기를 제공한다.

5. 주변 환경을 활기차게 만든다. 동작이 큰 활동을 유도하고 웃음거리를 만들어 크게 웃거나 큰 소리로 떠들어본다. 일상생활에서 해낼 수 있는 심부름을 시켜보는 것도 좋다.

지나치게 내성적이고 소심한 아이가 따돌림당하는 경우가 많으므로 부모는 집안에서 신경 써서 가르치고 지도할 부분이 많을 것이다. 부모는 누구나 내 아이가 표현도 잘하고 적극적이고 활달하게 성장하길 바란다. 하지만 소심하고 내성적인 성격이 나쁘고 안 좋다고만 볼 수는 없다. 강점도 많을 수 있다. 생각이 깊거나 실수가 적을 수 있다.

부모는 소심하고 내성적인 내 아이의 단점을 줄여 보완하고 강점을 살려 자신감과 자존감 있는 아이로 키우는 것이 중요하다는 것을 기억하자.

05

자기방어가 어려운 아이는 괴롭다

초·중·고등학생을 막론하고 남학생들의 경우 학급 내에서 체격이 왜소하고 힘이 약하다면 공격의 대상이 되기 쉽다. 또래보다 성숙한, 덩치가 큰 아이라도 피해를 보지 않는 것은 아니다. 단지 성격적인 부분에서 약점이 드러나는 경우 공격의 대상이 되기도 한다.

학교폭력으로 상담이 들어오는 내용을 보면 아이가 또래한테 맞고 들어온다며 어떻게 해야 할지 몰라 하소연하는 엄마들이 많다.

피해를 보는 아이는 당연히 폭력을 행사하는 아이에게 "하지 마.", "선생님께 말할 거야.", 더 나아가면 "경찰에 신고할 거야."라고 단호하게 말해야 한다. 하지만 실제로 대부분은 입 밖으로 내뱉지 못한다. 더 맞을까 봐 무섭고 무리에서 배척될까 봐 두렵기 때문이다. 상황이 이러하기에 아이의 문제는 잘 해결되지 않는다. 아이가 용기를 내서 말할 수 있는 환경이 조성돼야 하지만 현실은 그렇지 않다. 아이 혼자서는 해결할 힘이 없다.

올해 인터넷 기사에서 2012년도에 학교폭력 예방 대책으로 시행된 '학교폭력 멈춰!'가 재조명됐다고 한다. 내용을 보니 현실과 동떨어진 대책으로 비웃음을 사게 된 것이다. 내가 2016년 학교전담경찰관(SPO)을 할 때도 '학교폭력 멈춰'라는 문구는 캠페인 피켓이며 현수막, 포스터 등 학교폭력 예방 문구에 많이 사용되었다. 2012년도부터 시행한 결과물이라 할 수 있다.

원래 이 정책은 노르웨이에서 성공한 'Stop Bullying!' 프로그램을 벤치마킹한 것이다. 학급에서 다수인 방관자를 방어자로 바꿔 학교폭력을 예방하자는 취지로 프로그램 시행 2년 만에 50% 감소 효과를 본 정책이다. 하지만 애초 취지가 우리 현실과 맞지 않아 효과가 부진했을 뿐이다. 일부 운영한 학교에서 학부모로부터 "공부는 언제 시키냐"며 항의 전화가 들었고 표면상 운영한 학교들이 많았다고 하니 씁쓸할 뿐이다. 근본적으로 토양을 바꿔야 하는 문제다. 현 교육 시스템 하에서는 아무리 좋은 정책을 벤치마킹해도 효과를 보기 어렵다고 생각한다.

한국에서 원어민 강사를 했던 유튜버가 학교폭력 관련 내용의 동영상을 올려서 본 적이 있다. 미국은 학교마다 경찰관이 있고 쉬는 시간마다 교장 선생님, 경찰관 등 어른들이 순찰하고 감시를 한다고 한다. 한국 학교에서 강사 일을 할 때 쉬는 시간에 교실 뒤에서 아이들끼리 모여 몸 장난 하는 것을 보고 놀랐다고 했다. 미국에서는 아이들이 그렇게 노는 척하며 괴롭힐 수 있다고 생각하기 때문에 모이지 못하게 한다고 했다.

미국은 학생이 총기를 소지하기도 하고, 일진들의 경우 갱단과도 연결되어 있으니 아무래도 한국과는 대응 방법에서 차이가 있을 것이다. 하지만 폭력과 학대에 좀 더 예민하게 반응하고 대처하는 것을 보면서 학교폭력 문제가 점점 심각해지고 있는 우리나라는 피해자, 가해자 둘 사이의 문제로만 보고 해결하려고 하려고 하니 답답한 마음이 드는 건 사실이다.

동급생이나 또래에게 피해를 보게 되고 시간이 흐를수록 치유가 되지 않으면 아이들의 자존감은 떨어진다. 다음은 자존감이 낮은 아이들의 특징이다.

1. 스스로 나약하고 겁 많고 무능한 사람이라고 생각한다.
2. 가능성을 생각해보지 않고 쉽게 포기하고 무기력한 모습을 보인다.

3. 잘 웃지 않고 표정이 어둡다.

4. 친구 사귀는 것을 어려워하고 남의 눈치를 본다.

5. 활동적이지 않고 또래와 운동하거나 놀기 싫어한다.

자존감이 낮으면 학교 내에서 따돌림이나 학교폭력을 당하기 쉽고 부적응 우려가 커 무엇보다도 아이들의 자존감을 키워주는 것이 중요하다.

그럼 자존감 높은 아이로 키우려면 어떻게 해야 할까?

1. 부모가 먼저 아이의 감정을 존중하고 받아들여라.

2. 욕심을 줄이고 단계적 목표 설정으로 성취감을 느끼게 하라.

3. 실수하더라도 책망하지 말고 격려해줘라.

4. 아이의 장점을 잘 찾아주어 개발될 수 있게 해주어라.

5. 간섭하기보다 조력자 역할을 해라.

6. 타인의 마음을 헤아릴 줄 아는 공감 능력을 키워줘라.

자녀 교육, 육아 교육 서적에 나와 있는 내용이 다 똑같고 식상하다고 생각할 것이다. 하지만 바르고 건강한 아이로 키우는 특별한 방법이 따로 있는 것은 아니다. 전문가들이 알려주는 내용을 꾸준히 실천해서 습관으로 만들면 결국 아이의 운명이 바뀔 수 있다.

철학자 윌리엄 제임스의 명언이다.

"생각이 바뀌면 행동이 바뀌고, 행동이 바뀌면 습관이 바뀌고, 습관이 바뀌면 성격이 바뀌고, 성격이 바뀌면 인격이 바뀌고, 인격이 바뀌면 운명이 바뀐다."

몇 년 전 인터넷에 캐나다 출신으로 네 살부터 백반증을 앓던 아이가 성장해 슈퍼모델이 되어 활동하고 있다는 기사가 나왔다. 백반증은 마이클 잭슨이 앓았던 희소성 질환으로 알려져 있다. 피부 위에 백색 반점이 커져 얼룩덜룩해지는 피부 질환이다. 학창 시절 '젖소', '얼룩말'이라고 불리며 놀림을 당했지만 좌절하지 않고 세계적인 슈퍼모델을 꿈꾸며 나아갔다. "자신을 사랑하라. 그럼 기회는 반드시 따라올 것이다."라고 말하는 그녀는 단점을 매력으로 승화시켜 학창 시절의 어려움을 극복했다.

자신에게 닥치는 온갖 역경과 어려움을 오히려 도약의 발판으로 삼는 힘을 '회복 탄력성'이라고 한다. 성공한 사람들의 스토리를 들어보면 성공하기까지 수많은 장애와 난관에 부딪혔다는 사실을 알 수 있다. 하지만 좌절하며 포기하지 않고 극복한 사람들이다. 사람에게는 성공 잠재력이 누구나 있다. 잠재력을 꺼내기까지는 많은 실패 경험과 극복하려는 노력이 필요하다.

엄마들은 주로 자녀가 어릴 때(초등학교) 태권도, 합기도 학원 등 운동 학원에 보내곤 한다. 그런데 중학교에만 들어가면 특기, 적성 분야(예체능) 쪽으로 가는 아이들을 제외하고는 영어, 수학 학원에만 보낸다. 오히려 중·고등학교 때인 청소년기에 다양한 운동을 하게 되면 이로운 점이 더 많으므로 운동이 필요한 시기다.

특히 따돌림, 학교폭력은 중학교 때 제일 심하다. 자기방어가 어렵고 체격이 왜소하다면 운동을 하는 것도 도움이 된다. 미국에서는 운동해서 체격이 좋은 학생에게는 다가가서 함부로 건드리지 못한다고 한다. 친구 관계에서 힘들어하는 아이가 운동하게 되면 자신감도 생기고 적극적으로 변할 수 있다. 그리고 성장판이 자극되어 키도 크고 체격도 좋아질 것이다. 그렇게 되면 다른 친구들이 함부로 대하지 못하게 된다.

인터넷에 운동 효과라고 치면 운동 효과에 관한 다양한 연구 결과가 나와 있다. 스트레스 감소, 면역력 증진 등 살아가는 데 있어 긍정적인 부분들이 정말 많다. 꼭 학원이나 교습소에 등록해서 다니지 않더라도 아이와 함께 걷기라든지 생활 속에서 자녀와 함께할 수 있는 운동들이 많다.

우리 아이들은 초등학교 때만 해도 정의로 부푼 꿈을 안고 산다.

"경찰관이 돼서 나쁜 사람들을 혼내줄 거예요.", "간호사가 돼서 아픈 사람들을 보살펴줄 거예요.", "대통령이 돼서 우리나라를 이끄는 사람이 되고 싶어요."

우리 어른들의 몫은 아이들의 꿈을 지켜주는 것이다. 정의를 알게 해주고 부조리에 대해 저항할 수 있는 아이들이 되게 하는 것이다. 아이들에게 가슴 뛰는 꿈을 갖게 해주고 펼칠 수 있는 사회를 만들어주는 게 어른들이 아이들에게 해줄 수 있는, 해주어야만 하는 역할인 것이다.

06

표현에 서투른 아이가 표적이 된다

"초등학교 남자아이를 둔 엄마입니다. 엄마한테 애교도 부리고 정도 많은 착한 아이입니다. 4학년이 되고부터 친구들과의 관계로 힘들어하는 느낌이 들었습니다. 아이한테 물어보면 아무 일도 없다고 웃으면서 말하고 말아요.

주위 엄마들과 선생님이 이야기해서 알게 됩니다. 어제는 처음으로 몇몇 친구들이 자기에게 함부로 대하고 놀리고 때린다고 말하더라고요. 따라다니면서 다른 아이에게 때리고 놀리지 말라고 할 수도 없어 답답하기만 합니다."

아이가 친구들에게 당하기만 해서 고민인 엄마의 글이다. 이런 고민을 하는 엄마들이 많다. 그래서 학교 선생님이나 전문가에게 상담 요청을 하는 엄마들도 많을 것이다. 보통 엄마들은 아이가 유치원이나 초등학교에 들어갈 때 자기표현을 잘하는지 못하는지 알아채기 쉽다. 규모가 크든 작든 집단 생활을 하므로 아이의 성향을 파악하기 쉽기 때문이다.

예전에 인터넷에 올라왔던 심리 실험을 본 적이 있었다. 피실험자에게 손가락으로 자신의 이마에 알파벳 대문자 E자를 써보라고 했다. 두 가지 유형이 나온다. 하나는 상대방이 잘 볼 수 있도록 E자를 쓰는 사람이다. 즉 자신이 볼 때는 반대로 쓰는 것이다. 다른 하나는 자기가 읽을 때와 같이 E자 모양으로 쓰는 사람 유형이다.

이 실험의 목적은 자기의식을 알아보는 것이라고 한다.

첫 번째 유형은 자신의 외모, 행동과 같은 외적인 면에 주의를 기울이기 쉬운 경향(공적 자기의식)으로 외적 측면에 신경을 쓰는 만큼 자신보다 다른 사람의 반응에 주의를 기울이는 성향이 있는 사람이라고 한다. 즉 다른 사람이 자기를 어떻게 볼까 하는데 신경을 쓰는 사람이다.

반면 두 번째 유형은 자기 생각 등 내적인 면에 주의를 기울이기 쉬운 경향(사적 자기의식)으로 타인의 시선을 크게 신경 쓰지 않고 자신이 생각한 대로 행동하는 사람이다.

두 유형 중 전자의 경우 남을 신경 쓰기 때문에 자기를 드러내기 어려워 인간관계를 맺고 유지하는 데 어려움이 있다고 한다. 어찌 되었든 한 번쯤 재미 삼아 테스트해봐도 좋을 것 같다. 위 두 가지 성격 각각 '좋다', '나쁘다'라고 단정 지을 순 없을 것 같다. 공적, 사적 자기의식을 모두 가지고 있는 사람도 있을 것이다. 자녀가 편향된 성격일 경우 아이와 같이 바꿔나가는 노력을 하면 된다.

나는 어렸을 때 말을 많이 안 했고 부끄러움도 많았다. 집에서 짜장면을 배달해서 먹기로 했는데 내가 전화를 해야 했다. 짜장면 가게에 전화해서 주문하는 것이 처음이었고 민망했다. 그래서 메뉴와 주소를 메모지에 적어놓고 봐가며 주문을 했다. 그리고 갓 성인이 된 후에 친구들과 여행을 가서 호텔이나 리조트에서 숙박하게 되었다. 객실 전화로 프런트에 전화해야 하는 상황이 왔다. 남한테 얘기하는 게 쑥스러워서 '말 잘 못하면 어쩌지.'라는 생각에 머뭇거리게 되었다. 참 소심했던 것 같다. 물론 지금은 전혀 그렇지 않지만 말이다. 이렇게 성인이 된 후에도 성향을 지니고 가게 되는데 나이가 어린 아이들은 더 표현이 어려울 수 있다. 지금 생각해보면 나는 남을 의식하는 경향이 컸던 듯하다. 상대방이 나를 어떻게 생각할지 남의 시선을 의식하는 사람이었다.

나 같은 경우는 말하는 경험이 부족했던 것 같다. 나의 부모님은 내가 태어날 때부터 맞벌이하고 계셨다. 그래서 할머니께서 엄마처럼 길러주셨다. 어렸을 때의 기억에 할머니는 말수가 많지 않으시고 점잖으셨다. 그리고 두려움이 많으셔서 혼자서 버스나 대중교통을 타고 다른 곳으로 가지 않으셨다. 조용하게 길러져서 그런지 나도 유달리 수줍음 많고 말을 많이 하지 않았던 것 같다.

아이의 선천적 기질은 바꾸기 어려울 수 있지만, 성격은 성장하면서 후천적인 요인이나 환경에 의해 바뀔 수 있다. 아이가 성격으로 인해 다른 아이들에게 피해를 보는 상황이라면 부모로서 무척 속상하고 안타까울 것이다.

내가 어렸을 때 내가 할 말을 먼저 메모해두었던 것처럼, 아이에게 노트나 일기장에 그날그날 학교에서 무엇을 했고 느낌은 어땠는지, 친구들과 무엇을 하고 놀았고 그때 감정이 어땠는지 표현하는 연습을 시켜보자. 어휘력을 모른다면 독서와 병행하는 것이 도움 된다. 처음에는 한 줄도 쓰기 어렵지만, 시간이 지나면 나아지는 모습을 보게 될 것이다. 그리고 "고마워.", "미안해."를 자주 말할 수 있도록 하자. 고맙고 미안한 상황에서 적절한 표현은 친구와의 관계를 돈독하게 할 수 있다는 것을 알려주자. 많이 듣고 말하다 보면 감사할 줄 알고 배려심 있는 아이로 성장할 것이다.

열심히 연습하고 교육해도 안 된다고 하는 엄마도 있을 것이다. 엄마의 기준에서 인내심의 한계를 느껴서 그럴지도 모른다. 마음이 조급하기 때문이다. 아이마다 학습 능력과 성취 속도에 차이가 있듯이 아이의 성향을 변화시키기 위한 절대 시간이 필요하다.

미국의 의사인 맥스웰 몰츠는 그의 저서『성공의 법칙』에서 '21일 법칙'을 주장했다. 새로운 행동이 습관화되는 데 최소 21일이 걸린다고 주장했다. 실제 심리상담센터에서 치유할 때 3주 단위로 프로그램을 진행하는 곳이 있다. 물론 분야별로 습관 형성 기간이 다를 수 있지만 꾸준한 반복만이 변화를 불러올 수 있다는 사실은 변하지 않는 진리이다.

나는 원고를 쓰면서 명상음악을 21일 동안 21분 들은 적이 있었다. 예전에는 2, 3일 동안 듣다가 포기하고 말았는데 처음으로 꾸준히 해보았던 나만의 실험이었던 것 같다. 성취감도 생기고 기운이 좋아지는 느낌이었다.

아이가 스스로 감정표현을 할 수 있게 지도하는 것도 필요하지만 평상시 자녀와의 대화 방법도 중요하다. 우리는 항상 익숙한 방식으로만 대화하는 경향이 있어, 대화하다가 오해와 갈등이 생겼을 때 제대로 감정을 해소하기 어렵다.

소통을 위한 대화법으로 '나 전달법(I-Message)'이 있다. 부부간, 자식 간 싸움 없이 소통하기 위해 활용하는 대화법이다. 그리고 아이의 자존감을 높이기 위한 대화법으로도 활용된다. 먼저 아이의 말에 공감한다. 공감을 해주게 되면 '부모가 나를 믿어주는구나.'라고 신뢰를 하게 된다. 반대로 '너 전달법(You-Message)'이다. "네가 빨리 준비를 안 해서 지각했잖아.", "너는 시험이 내일인데 공부는 안 하고 TV만 보고, 제정신이야?"라고 상대방(You)에게 감정을 실어서 말을 하게 되면 부정적인 감정이 들어 존중받고 격려받는다는 느낌을 받을 수가 없다.

사례 ①
• 너 전달법 – 네가 빨리 준비를 안 해서 지각했잖아.
• 나 전달법 – 제시간에 오는 네가 왜 오지 않을까 하고 걱정되었어.

사례 ②
• 너 전달법 – 너는 시험이 내일인데 공부는 안 하고 TV만 보고, 제정신이야?
• 나 전달법 – 시험이 내일인데 TV만 보고 있으니 엄마는 걱정되는구나!

아이의 문제가 되는 행동에 대해서 '잘못됐다.', '나쁘다.'라고 평가하지 말고 상황에 대해서 구체적으로 감정을 솔직하게 표현하는 것이 바람직하다. '나 전달법'은 아이의 마음에 상처를 주지 않고 좋은 관계를 유지하기 위해 꼭 필요한 대화법이다. 이 글을 읽는 독자들이 실천해서 행복하고 웃음 넘치는 가정을 이루었으면 하는 바람이다.

07

혼자 있기 좋아하면 주의 깊게 살펴라

"중학교 2학년 아이를 둔 엄마입니다. 제 말도 잘 듣고 학교에서 성적도 중상위권인 아들이 요즘 저와 대화도 거의 안 하고 집에 오면 방으로 들어가 잘 나오지 않아요. 사춘기라서 그런가 싶기도 한데, 방 안에서 공부하는 것인지 컴퓨터 게임을 하는지 궁금해서 얘기하려고 하면 짜증 내요. 같이 외식하러 가자고 해도 예전처럼 좋아하는 기색도 없어요. 아들에게 무슨 문제가 있는 것은 아닐까 걱정됩니다."

위의 사례는 대한민국, 아니 전 세계에서 아이를 키우는 부모가 겪을 수 있는 공통적인 고민거리일 것이다. 우리 어른들에게 물어보고 싶다. "지금 아이를 키우는 어른들도 그 시기에 그러지 않았나요?"라고. 자녀들만큼 혹은 그 이상의 사춘기를 보냈을지도 모를 일이다.

우리나라에서 중학생 나이대로 볼 수 있는 14세부터 16세까지는 딱 사춘기 나이대에 속한다. 요즘 아이들의 성장 속도는 예전보다 훨씬 빠르다. 초등학교 5학년부터 2차 성징이 시작되고 그에 따라 사춘기도 일찍 시작된다고 본다. 빠르면 초등학교 5학년부터 사춘기가 오고 중학생이 되면 정점에 오르다가 고등학교에 들어가면 사춘기 특성도 점점 줄어든다. 물론 아이마다 사춘기가 오는 시기와 정도의 차이는 있다.

사춘기는 성인이 되어가는 과도기에 있는 시기로 부모에게 의존하기도 하지만 부모의 품에서 벗어나 독립적인 존재가 되고 싶어 한다는 것이 특징이다. 혼자 나만의 세계 속에서 나만의 시간을 보내고 싶어진다. 나도 마찬가지로 중학교 시절에 그랬다. 방과 후, 방학 때 방 안에서 공부하기보다 만화책과 소설책을 보았다. 감정의 기복도 있어 영화 속 슬픈 장면을 보면 눈물을 뚝뚝 흘렸다. 영화 속 주인공에게 감정이입이 되고 상상의 나래를 펼쳤다. 그렇지 않으면 절친과의 폭풍 수다로 학교 마치고 집에 와서 밤늦게까지 전화하며 시간을 다 보냈다.
내가 보낸 시간은 그 당시 사춘기 청소년들이 할 수 있던 것들이었다.

지금과 다른 것이 있다면 그 당시는 막 586 컴퓨터 같은 개인용 컴퓨터가 등장한 후였다는 것이다. 지금처럼 인터넷망이 연결된 시절이 아니었다. 기껏해야 워드나 고전 게임을 하는 정도로 컴퓨터를 사용해서 할 게 그다지 많이 없었다. 휴대전화도 없었다. 수신만 되는 추억 속의 '삐삐(Beeper)'라고 불리는 무선 통신기기를 사용했다. 지금이라면 요즘 청소년들과 마찬가지로 인터넷과 스마트폰으로 시간을 보내고 있었을 것이다.

사춘기 아이들에게 혼자 있기 좋아하는 특성이 있지만 이와는 별개로 아이 고유의 성향으로 혼자 있기를 좋아하는 아이도 있다. 아이마다 성격이 제각각이다. 활발하고 사교적인 성격의 아이가 있는 반면에, 내성적이고 혼자 있는 것을 좋아하는 아이도 있다.

"누가 학교폭력의 피해를 볼 가능성이 클까요?"라고 물어본다면 아무래도 후자라고 생각할 것이다. 피해 학생의 성격 유형상 통계로 나온 데이터는 없지만, 학교폭력 피해 학생을 상담해보면 내성적이며 자기주장이 약하고 사교성이 떨어지는 학생이 피해를 보는 경우가 많긴 하다.

성격이 내성적인 중학교 1학년 건우는 친구들에게 소심해 보이고 약해 보이는지 힘없다고 자주 놀림을 당했다. 건우는 점점 놀리는 친구들을 멀리했고 거리를 두었다. 혼자 있는 것이 좋아 집이나 PC방에서 게임을 하는 데 몰두했다. 학교에 안 가는 날은 종일 게임을 했다. 건우는 가상 공간이 편했고 그 안에서는 현실에서와 달리 활발하고 적극성을 띠게 되었다. 하지만 게임의 캐릭터에 너무 몰입한 나머지 힘을 키우기 위해 공격성도 세지게 되고 욕도 늘었다.

혼자 놀고 혼자 있는 것을 좋아하는 경향의 아이는 다른 사람과의 관계 맺음을 어려워하는 경우가 있다. 자기의 생각을 밖으로 표현하는 것을 힘들고 불편하게 생각한다. 그래서 피해 상황에 직면했을 때 대응하기 힘들어서 더욱 회피하려는 경향이 짙어진다.

부모는 내 아이가 성격이 내성적이고 혼자 있는 것을 좋아한다면 주의 깊게 살펴보자. 남학생들의 경우 혼자 있으면 게임을 하는 경우가 많다. 게임 중독을 예방과 건강한 교우 관계 형성을 위해서라도 부모는 아이가 사용하는 컴퓨터를 거실에 두고 사용 시간을 정하는 등 규칙을 세워 실천하도록 지도해보자.

부모의 역할은 남들이 좋다는 성향에 무조건 아이를 맞추는 것이 아니라 아이의 기질에 맞게 약점이라고 볼 수 있는 것도 강점이 될 수 있게 해주는 것이다. 쉬운 일은 아니지만, 관심을 두고 노력한다면 아이는 충분히 내면이 강한 아이로 자랄 수 있다.

정도의 차이는 있지만, 누구나 겪는 사춘기 통과의례라고 볼 수 없는 때도 있다. 학교폭력의 피해로 인한 징후들은 사춘기 특성과 비슷해 눈치채기 어렵다.

"친구들과 나가서 잘 놀던 애가 어느 날부터 나가지 않고 집에만 있어요."

"나와 이야기도 많이 하던 아이가 요새는 집에 오면 방에서 나오지 않아요."

학교폭력으로 피해를 봤던 아이의 엄마가 했던 말이다. 아이가 예전과 달라졌다고 한다. 물론 아이에게 사춘기가 와서 전과 다르게 행동을 하는 것일지도 모른다. 사춘기에는 감정 기복이 심해지고 부모의 잔소리에 대들기도 하며 반항을 한다. 무엇보다 또래 관계를 중시하기 때문에 부모와 있기보다 친구들과 만나서 놀고 싶어 한다. 그런데 친구들도 좋아하고 부모와도 대화를 잘하던 내 아이가 점점 다른 모습을 보인다면 부모는 이를 대수롭지 않게 넘겨선 안 될 것이다.

"아이가 이상하게 학교에서 돌아오면 기운 없어 보이고 집에 오면 방 안에 들어가서 나오지 않았어요. 좀 두고 봐야겠다 싶어서 지켜보고 있었어요. 며칠 동안 지속되서 안 되겠다 싶어 아이에게 무슨 일 있냐고 했더니 처음에는 말을 안 하다가 친구들이 자기를 왕따시키는 것 같아서 학교에 가기 두렵고 친구들 만나는 게 싫다고 하더라고요."

아이가 어렵게 부모에게 피해 사실을 털어놓게 되면 부모의 반응도
중요하다. "그동안 힘들었지, 어렵게 이야기해줘서 고마워."라며 격려해
주자. 따돌림을 당하게 되면 아이들은 심리적으로 위축되고 주눅이 든
다. 자존감도 바닥으로 떨어져 있다. 그런 상태에서 아이를 비난한다면
아이는 이제는 의지할 사람이 없게 되어 상황이 더 나빠질 수도 있다. 말
한마디도 조심하자. 아이의 마음을 이해해줄 수 있는 부모는 아이에게
큰 힘이 된다는 것을 기억하자.

08

친구들과 어울리기를 두려워하는 아이

'인싸'는 인싸이더(insider)의 줄임말로 행사나 모임에 적극적으로 참여하여 잘 어울려 지내는 사람을 말한다. 또는 여기저기에서 부르는 인기가 많은 사람을 칭하기도 한다. 언제부터인가 좋고 나쁨을 구분 짓는 듯한 '인싸'와 반대말인 '아싸'(아웃싸이더, outsider)라는 신조어가 생겨나서 반감이 들게 하는 면도 없지 않아 있는 듯하다.

많은 청소년이 인기 있고 친구가 많은 사람인 '인싸'가 되기 위해 페이스북, 인스타그램과 같은 SNS, 유튜브로 열심히 자기 PR을 한다. 한편 그런 쪽으로는 영 관심이 없거나 학교폭력이나 왕따를 당해서 본의 아니게 아싸가 되는 것처럼 느끼기도 한다.

학교폭력은 공감 능력의 상실에서 비롯된다. 공감한다는 것은 서로 이해하고 상대의 차이를 인정한다는 것이다. 하지만 요즘 청소년들은 과도한 스마트폰과 인터넷 사용으로 대면 관계에서 갈등하고 의사소통에서 어려움을 겪고 있다. 가톨릭의대 정신의학과 김대진 교수는 대학 연구팀에서 다음과 같은 관찰 결과를 내놓았다.

스마트폰 과의존군과 비의존군을 대상으로 상대방 표정 변화(정서 차이)에 의한 뇌 기능 활성화 정도를 관찰했다. 모니터를 통해 웃는 얼굴과 화난 얼굴을 번갈아 보여줬더니 과의존군에서 화난 얼굴이 제시된 뒤 반응 정도(민감도)가 더 떨어졌고 사회적 상호작용과 관련된 영역에서도 뇌 활성도가 비의존군에 미치지 못하는 결과가 나왔다고 보고했다.

결국, 우리 아이들이 스마트폰과 인터넷에 과의존하게 되면 대인 간 공감 능력이 떨어지게 되어 학교폭력과 소년범죄가 증가하게 되는 것이다. 적절하게 스마트폰과 인터넷을 사용해야만 공감 능력의 상실을 막을 수 있을 것이다.

따돌림, 학교폭력 피해로 힘들어하는 아이 중에 사회성 발달이 더디거나 떨어지는 아이들이 있다. 사회성이 떨어진다는 것은 친구들과 관계

맺는 방법을 잘 모른다는 것이다. 친구를 사귀기 어렵고 친밀한 관계를 형성하기가 어렵다.

관계 형성에 미숙하므로 친해지고 싶은 친구가 있어도 과한 장난이나 부적절한 언행을 하게 된다. 자기중심적인 성향이 있기도 해서 친구들과 좋은 관계를 유지하기 어렵다. 자신의 잘못된 행동을 알지 못하기 때문에 본인만 억울하다고 생각하고 힘들어하거나 속상해한다.

특히 초등학교 저학년에서 '은따'가 빈번하게 발생한다. 다음 사항들을 은따의 원인으로 들 수 있다.

첫째, 사회성 발달이 빠른 아이가 소심하고 사회성이 늦은 아이를 은밀하게 공격하며 무리에서 배제한다. 피해 학생 앞에서 두 여학생이 눈을 흘기면서 귓속말한다든가 다른 친구가 피해 학생에게 접근하려고 하면 일부러 가로채서 다른 곳으로 데리고 가고 이간질도 시킨다. 피해 학생은 터놓고 말도 못 하고 속앓이만 하게 될 것이다.

둘째, 저학년생들의 경우 도덕성 발달이 미숙하다. 잘못된 행동이라는 것에 대한 인식이 없어 죄의식도 없다. 특별한 이유 없이 친구들이 하는 대로 따라 하기도 한다.

셋째, 유난히 선생님의 예쁨을 받는 아이라거나 공부를 잘하는 등 잘난 면이 있는 친구들을 시샘하며 은근히 무리에서 따돌리기도 한다.

초등학교 저학년생들의 경우 아직은 어리고 부모에게 전적으로 의존하기 때문에 친구들에게 따돌림을 당했을 때 대부분 곧바로 부모에게 말을 하므로 상황을 인지하는 것이 어렵지 않다. 부모는 내 아이가 은따를 당하는 것 같다면 바로 대처하기보다 좀 더 관찰하고 나서 확실하게 물증을 잡았을 때 개입해야 한다. 부모가 화가 나고 흥분해서 가해 학생의 부모에게 따지고 들 경우, 오히려 억울하다고 하며 내 아이를 친구 관계에 적응을 못 하는 아이로 이야기할 수 있기 때문이다.

지인이 고등학교 1학년이었을 때라고 했다. 학급에서 반 배정받고 학기가 시작할 때부터 한마디도 하지 않았던 여학생이 있었다고 했다. 학급 아이들이 말을 시켜도 한마디도 하지 않았고 모든 활동을 친구도 없이 혼자 했다고 한다. 등굣길에 엄마가 학교에 데려다주고 방과 후에도 엄마가 데리고 집에 갔다고 했다. 스스로 왕따가 되어버린 상황이었다.

나는 "설마, 그런 애가 있을 리가…." 하며 안타깝게 생각했지만, 지인이 사연을 지어냈을 리가 없기도 했다. 결국, 그 여학생은 몇 달 학교에 나오고 자퇴를 했다고 했다. 지인은 고등학교를 졸업하고 나서 그 여학생의 소식을 듣게 되었고 연락이 닿게 되어 전화통화를 했다. 그때 처음으로 그 여학생의 목소리를 들었다고 했다.

있을 수 있는 이야기인가 싶지만 실제로 이런 아이들이 있다. 이 여학생은 선택적 무언증이 아닐까 생각된다. 학교 거부증이 있거나 기질상 불안감을 가지고 있는 등 그 원인은 다양하다고 한다.

부모는 내 아이가 사회성이 떨어지거나 소극적이고 내성적이라서 친구와 어울리기를 두려워한다면 친구가 없고 학교폭력을 당하지 않을까 하고 걱정하고 신경 쓰기 마련이다. 아이에게 사회성을 길러주기 위해서는 어떻게 해야 할까? 그 해답은 바로 아이의 자존감을 높여주는 것에 있다.

아이가 공부를 잘한다고 해서, 인물이 준수하다고 해서 자존감이 높은 것은 아니다. 자존감의 기준은 바로 자기 자신이다. 스스로 하는 자신에 대한 평가다. 자신이 소중하고 가치 있는 존재라고 인식하는 아이가 자존감이 높다고 할 수 있다.

공부를 잘하는 아이도 자존감이 낮다면 따돌림, 학교폭력을 당했을 때 주눅 들고 의기소침해질 수 있다. 그리고 성적이 떨어지게 되면 자신감이 떨어지고 자괴감을 느껴 이전처럼 회복이 어렵게 된다. 반면 공부를 잘하지 못하는 아이라도 자존감이 높다면 자신을 부당하게 대하며 피해를 주는 학생에게 자신 있게 "하지 마, 괴롭히지 마!"라고 용기 있게 말할 수 있다. 그리고 성적이 떨어졌더라도 '다음에 열심히 해서 더 잘 봐야지.'라고 다짐한다.

부모라면 어떤 자녀가 더 마음이 놓일까?

엄마가 학교 수업을 마치고 집에 들어온 아이에게 "학원은 다녀왔어?", "어떤 숙제 내줬니? 해결할 수 있겠어?"라는 질문만 던진다면 아이는 존중받는다는 느낌을 받을 수 없다. 대신 "너는 존재 자체로 사랑스러운 아이야, 잘하고 있어."라고 믿고 지지해주는 표현을 해준다면 아이는 존중받는다고 느끼게 되고 정신적으로 튼튼하고 건강한 아이로 자라게 될 것이다. 유념해야 할 점은, 요즘 자녀를 하나밖에 안 낳는 가정도 많아 내 아이는 눈에 넣어도 안 아플 만큼 애지중지 키우기에, 과잉보호를 받고 자라게 될 수도 있으니 조심해야 한다는 것이다. 그렇게 되면 아이가 친구 관계를 유지하는 게 힘들어질 수 있다.

집에서는 부모가 아이에게 "예쁘다, 착하다."라고 이야기한다. 하지만 학교에 가서 친구들과 생활하다 보면 의견과 생각이 다를 때 마찰이 생기게 된다. "그거 아니야.", "네가 틀렸어."라고 거부당하거나 무시당했을 때 좌절할 수 있다. 자신을 인정 안 하고 미워한다고 여겨 힘들어할 수 있다.

따라서 부모는 아이에게 "친구들이 너와 생각이 다르다고 하더라도 틀리고 잘못된 게 아니라 존중해주어야 한다"고 이야기해주자. 남과 다름을 인정하고 이해하는 것만으로도 원활한 친구 관계를 맺을 수 있다.

3장

사례별로
보는
학교폭력

장난도 심하면 폭력이 될 수 있다

가해 학생들을 면담하면 항상 친구를 왜 힘들게 했는지 물어본다. 그러면 대부분 "장난이었어요."라고 대답한다. 교육부 「학교폭력 실태조사(2020년)」의 주요 결과를 보면 가해 경험자 중 초·중·고 전체에서 제일 많은 비중을 차지한 응답이 '장난이나 특별한 이유 없이'이다. 그만큼 아이들이 자신들이 한 행동이 상대방에게 얼마나 큰 상처를 주는지 인식하지 못하는 경우가 많다는 뜻이다. 하지만 상대방은 그렇지 않을 수 있다는 게 문제가 된다. 하물며 어른들도 학교폭력 사안이 발생하여 상담하면 "애들끼리 장난하며 놀면서 싸울 수도 있는 거 아니에요?"라며 가볍게 인식하는 경우가 허다하다.

장난으로 제일 흔하게 벌어지고 있는 폭력은 언어폭력이다. 어느 날 근무 중에 업무용 핸드폰으로 한 중학교 여학생에게서 문자가 왔다.

"경찰관님, 같은 학급 친구가 저를 '카카오'라고 놀리고 저와 같이 다니는 친구를 '밀가루'라고 놀리는데 들을수록 기분이 나빠서 놀리는 친구가 미워져요."

사연을 들어보니 나에게 문자를 보낸 학생은 얼굴이 까무잡잡해 '카카오'라고 놀림당하고, 다른 한 친구는 얼굴이 너무 하얘서 '밀가루'라고 장난치며 부른다는 것이었다. 얼굴이 까무잡잡한 학생은 까만 피부에 콤플렉스가 있어 얼굴이 하얀 친구와 친해지고 싶었다. 그래서 먼저 다가가 친구가 되었다. '밀가루'라는 별명이 있는 친구는 피부가 너무 하얘서 불만인 친구였다. 장난이 심한 친구가 각각 '카카오', '밀가루'라는 별명을 붙여 불렀고 이 둘이 같이 다니면 '바둑알'이라고 놀린다고 한다. 이야기를 들은 나는 콤플렉스를 가지고 있던 두 학생의 기분이 매우 나빴을 거라 짐작이 갔다.

미국 및 해외에서 의사소통 전문가인 퍼트리샤 에반스는 저서 『언어폭력』에서 "언어폭력은 멍과 같은 증거가 남지 않을 뿐, 신체폭행과 다르지 않은 일종의 폭행이다. 언어폭력이 남기는 고통은 신체폭력만큼이나 크며, 회복하는 데 훨씬 오랜 시간이 걸린다. 언어폭력의 피해자는 서서히 현실 판단력을 잃고 혼란에 빠진다."라고 말한다. 저자의 말에 공감이 가는 부분이 있다.

나도 유치원, 초등학생 시절 사진을 보면 까무잡잡했다. 나도 피부가 하얀 친구를 보면 내심 부러웠다. 친척들과 다 같이 오랜만에 모이면 사촌오빠가 나를 보고 "안녕!"이란 인사말 대신 '깜시', '시커먼스'라고 불렀다. 물론 사촌오빠가 나에게 감정이 있을 리도 없고 그 당시 오빠는 중학생이며 사춘기이고 장난이 심해서 그럴 수 있다고 생각은 들었다. 하지만 한 번도 아니고 만날 때마다 놀려대니 나도 기분이 좋을 리가 없었다. 성인이 되었어도 '깜시', '시커먼스'라고 불린 건 내 기억에서 잊히지 않았다. 이처럼 문자 상담을 한 여학생은 장난친 학생에게 티는 안 냈지만, 마음의 상처를 받고 놀림 받았던 일을 잊지 못할 것이다.

그 후 중학교 학교폭력 예방 강의를 하게 되었다. 마침 상담문자가 온 여학생의 학교였다. 이미 학급의 분위기를 알기에 그 반에서는 언어폭력 부분을 더 강조해서 교육했다. "친구의 콤플렉스를 별명으로 지어 장난으로라도 지속적, 반복적으로 부르고 놀리는 행위는 언어폭력에 해당한다.", "당하는 친구는 스트레스를 받는데 이는 정신적 폭력에 해당하며 학폭위까지 갈 수 있는 사안이다."라고 인지시켰다. 예방 강의가 끝나고 나중에 여학생에게 학급 분위기를 물으니 별명을 부르며 장난친 학생은 이제는 그와 같은 행위를 하는 일이 거의 없다고 한다. 교육의 효과가 나타나 안심이 되었다.

"장난으로 무심코 던진 돌에 개구리는 맞아 죽는다."라는 속담이 있다. 또래 아이들은 겉으로 드러나는 외양, 피부 색깔, 헤어컬러 등 특징을 별명으로 지어 부르거나 성과 이름을 가지고 장난을 친다. 그냥 재미있어서 하는 것이다. 하지만 아무런 생각 없이 내뱉은 말에 상대방은 마음에 상처를 받는다. 어른이 돼서는 기분 나빴던 기억이나 해프닝 정도로 웃어넘길 수 있는 일이 될 수 있을지는 모르겠지만 어릴 때, 특히 사춘기에는 마음이 여리고 감정이 예민하여 마음의 상처로 남는다. 말 한마디라도 상대방의 관점에서 헤아려보고 말하는 훈련과 노력이 서로에게 필요하다.

내가 학교전담경찰관으로 일할 당시 학교폭력 예방 캠페인 때 사용하는 현수막, 피켓에 인쇄된 문구로 '학교폭력 멈춰!'라는 문구가 유행처럼 많이 사용되었다. 학교 안팎으로 현수막과 피켓을 들고 순찰과 캠페인을 했다. 학교폭력도 엄연한 폭력행위로 하지 말아야 함을 인식시키기 위함

이다. '멈춰'라는 단어처럼 행위에 대한 금지의 의미가 크게 와 닿는 단어
는 없을 것이다. 학교폭력의 가해자에게 향한 외침이 될 수 있고, 피해자
의 가해자에게 향한 외침이 될 수 있고, 그들을 바라보는 제삼자의 외침
이 될 수도 있다. 일단 폭력은 어떠한 경우도 정당화될 수 없으며 잘못된
행동이다.

　학교폭력을 예방하고 가해 학생을 선도하기 위한 활동으로 여러 가지
가 있지만, 그중 교육청과 협업하여 진행하는 사업으로 '청소년 경찰학
교'가 있다. 관내 미사용 치안센터를 활용하여 학교에서 신청을 받거나
경찰이 학교폭력, 소년범 등 선도 대상자를 발굴하여 학교폭력 및 범죄
예방 프로그램과 경찰 직업체험을 진행하고 있다.

　대부분 참여형 프로그램으로 그중에 '역할극' 체험 활동이 있다. 강사
의 주도하에 학생들이 나와서 역할을 바꿔 연기한다. 각각 피해자 · 가해
자의 입장이 되어 느끼게 되는 감정을 생각해보는 시간을 갖는다. 나도
학생들 뒤에서 바라보면서 느끼는 바가 있었는데, 학생들에게도 도움이
되겠다는 생각이 들었다. 역할극의 효과가 궁금하여 인터넷으로 찾아보
았다. 핀란드의 학교폭력 예방 프로그램 '키바 코울루(신나는 학교)'가 검
색에서 나왔다. 학교폭력을 50% 이상 감소시키는 등 대단한 효과가 나
타났다고 했다. 이에 우리나라 교육부에서도 벤치마킹하여 한국형으로

만든 것이 '어울림 프로그램'이었다.

핀란드 '키바 코울루' 프로그램의 핵심은 학교폭력 가해자, 피해자에게만 집중하는 것이 아니라 방관자가 되지 않도록 하는 데 초점이 맞춰져 있다. 학교폭력 상황에 주저하지 않고 나서서 적극적으로 피해 학생 편에 서게 하여 학교폭력을 줄이는 것이다.

이때 앞으로 '청소년 경찰학교' 역할극을 진행하게 될 때 가해자, 피해자에게만 집중할 게 아니라 방관자가 되지 않게 제삼자가 적극적으로 나서 학교폭력을 예방해야 효과가 있다는 것을 가르쳐야 할 필요성을 느끼게 되었다.

채널A 〈요즘 육아 금쪽같은 내 새끼〉에서 여동생에게 폭력적인 행동을 하는 아들 때문에 고민인 부모님이 나왔다. 여동생과 잘 지내면서도 가끔 밀치고 밟고 누르는 등 폭력적인 모습을 보인다. 이 프로그램에서 문제의 해결사인 오은영 박사는 아들의 문제가 '폭력과 장난의 경계'를 모르는 것이라고 한다. 아이의 폭력적인 행동에 대한 처방으로 "놀이에도 규칙이 필요하다."라고 한다. 아이가 잘못된 행동을 하였을 때 '멈춰'를 외치고 잘못된 행동을 인지시킨다. 그리고 올바른 놀이 방식을 제안하는 연습을 해야 한다고 말한다.

오은영 박사의 대처법처럼 학교폭력 가해 학생을 선도할 때도 잘못된 행동을 인지시키는 것이 필요하다. 가해 학생들은 별생각 없이 장난으로 재미 삼아 한 행동이기 때문에 애초에 죄의식이 없다. 중요한 것은 가해 행동이 잘못된 행위라는 것을 알았다면 다시는 똑같은 행동을 해서 상대방에게 상처를 주지 말아야 함을 깨닫게 해주어야 한다는 것이다.

학교 밖을 넘은 사이버폭력

세계에서 인터넷망의 확산과 더불어 스마트폰 보급이 매우 빠른 속도로 이루어진 곳이 바로 우리나라이다. 요즘은 스마트폰이 없는 청소년들이 거의 없다고 볼 수 있다.

이에 따라 사이버폭력 또한 해마다 증가했다. 교육부 「학교폭력 실태조사(2020년)」에 따르면 2019년 1차 조사와 비교하여 사이버폭력(3.4%), 집단 따돌림(2.8%)의 비중이 증가한 것으로 나타났다. 2020년에 더욱 증가한 원인으로 주목할 만한 점은 2019년 말에 시작한 '코로나바이러스감염증—19'이다.

지역 사회 감염을 예방하기 위해 사회적 거리 두기 단계가 만들어지고 집단 생활을 하는 학교에서는 감염병 전파를 차단하고자 등교 일수를 줄였다. 감염 예방을 위해 대면 수업 대신 집에서 들을 수 있는 원격 수업, 쌍방향 수업 등 비대면 수업에 들어갔다. 아이들은 학교에 가지 않아서 좋았고 선생님의 통제에서 벗어나 핸드폰도 자유롭게 사용할 수 있게 되었다. 페이스북, 인스타그램 등 SNS와 카카오톡은 청소년들에게 절대적인 소통의 공간이 되었다. 하지만 그곳에서도 여전히 학교폭력은 일어나고 있다.

'사이버폭력'이란 사이버(인터넷, 휴대전화) 공간에서 언어, 영상 등을 통해 타인에게 피해 혹은 불쾌감을 주는 행위를 의미한다. 사이버폭력 유형을 정리하면 다음과 같다.

① 언어폭력 : 인터넷, 휴대전화 문자서비스 등을 통해 욕설, 거친 언어, 인신 공격적 발언 등을 하는 행위이다. 학교 내외의 일상 생활공간에서 언어폭력이 차지하는 비중이 높은 것처럼 사이버 공간에서의 폭력행위 유형 중, 학생들 간 가장 흔히 발생하기 쉬운 형태이다.

② 명예훼손 : 사실 여부와 상관없이 다른 사람/기관의 명예를 훼손하는 글을 인터넷, SNS 등에 올리는 행위이다. 학교전담경찰관으로 근무

할 때 소년범 선도를 진행하기 전 범죄 사실을 살펴보면 사이버 명예훼손죄로 사이버수사팀에 입건된 학생을 꽤 볼 수 있었다. 주로 온라인 게임을 하면서 대화를 할 때 자신이 지고 있어 분한 마음에 상대방에게 욕을 하고 구체적 사실이나 허위사실을 적시하여 상대방이 신고한 경우다.

③ 스토킹 : 원치 않음에도 반복적으로 공포감, 불안감을 유발하는 이메일이나 문자를 보내거나, 댓글 등의 흔적을 남기는 행위이다. 스토킹만큼 공포스러운 경험도 없을 것이다. 스토킹은 오래전부터 있어왔던 행위이다. 그러나 최근 언론 보도가 된 사건들로 인해 스토킹에 대한 심각성이 드러났고, 가해자이든 피해자이든 청소년들도 예외는 아니기에 주의해야 한다.

청소년 업무를 할 당시, 경찰서에서 처리했던 학생 간 스토킹 사건이 생각난다. 여학생, 남학생은 한때 연인 관계였다. 그러다 여학생이 헤어지자고 하며 연락을 끊었다. 남학생은 미련을 버리지 못해 여학생에게 연락하고 저녁에 집까지 찾아왔다고 한다. 남학생은 여학생이 자신을 만나주지 않자 급기야 자해까지 하며 죽겠다는 문자를 보내 여학생을 불안에 떨게 했다. 여학생의 신고로 관내 학교전담경찰관은 여학생을 만났고 불안감을 느끼고 있는 여학생에게 범죄 피해자 신변 보호를 위한 웨어러블 긴급호출기를 주는 등 보호 조치와 지원을 하여 마무리되었다. 이때 스토킹이 성인뿐 아니라 청소년들에게도 발생할 수 있는 일임을 여실히 알게 되었고 대처도 잘 해야겠다고 느끼게 해준 사건이었다.

④ 성폭력 : 성적인 묘사 혹은 성적 비하 발언, 성차별적 욕설 등 성적 불쾌감을 느낄 수 있는 내용을 기재하거나 음란한 동영상, 사진을 퍼뜨리는 행위이다. 사춘기를 보내며 성적 호기심이 많은 10대에게 사이버성폭력 또한 빈번하게 발생한다. 2020년 'N번방 사건'으로 디지털 성범죄로 인한 피해자가 속출하여 정부에서는 그에 따른 대응을 하였다. '디지털 성범죄'란 카메라 등 매체를 이용하여 상대의 동의 없이 신체를 촬영하여 유포·협박하는 등 사이버 공간에서 벌어지는 성적 괴롭힘을 뜻한다. 아동·청소년에게 피해가 없도록 지속적인 관심과 교육이 필요하다.

⑤ 유출 : 개인의 사생활, 비밀 등을 인터넷, SNS 등에 언급 또는 게재하거나 신상정보를 유포하는 행위이다. 개인 생활 및 신상정보 유포는 성인이 피해자인 경우에도 스트레스로 인한 공황장애나 심한 경우 자살까지 이르게 할 수 있는 범죄 행위이다. 더욱이 청소년인 피해자에게는 그 심각성은 상상을 초월할 정도일 것이다.

⑥ 따돌림 : 「학교폭력 예방법」 제2조 1항에서 '사이버 따돌림'이란 인터넷·휴대전화 등 정보통신 기기를 이용하여 학생들이 특정 학생들을 대상으로 지속적, 반복적으로 심리적 공격을 하거나, 특정 학생과 관련된

개인정보 또는 허위사실을 유포하여 상대방이 고통을 느끼도록 하는 일체의 행위를 말한다고 명시하고 있다. 사이버 따돌림도 학교폭력 사안 중 가장 많이 발생하는 유형 중 하나이다.

⑦ 갈취 : 인터넷에서 사이버(게임)머니, 스마트폰 데이터 등을 빼앗는 행위이다. 가해 학생은 강제로 피해 학생을 데이터 무제한 요금제에 가입시킨 뒤 스마트폰의 테더링 기능을 통해 와이파이를 요구하거나 피해 학생이 기프티콘을 구매하면 가해 학생이 협박하여 빼앗아 자신이 사용하는 수법이다.

⑧ 강요 : 인터넷이나 휴대전화로 다른 사람에게 그 사람이 원치 않는 말이나 행동을 하도록 강요하거나 심부름을 시키는 행위이다. '떼카', '카톡감옥'이라는 말이 있다. '떼카'는 피해 학생의 의사에 반해 단체 대화방에 초대해 가해 학생들 여럿이 욕설, 폭언으로 피해 학생을 공격하는 것이다. 피해 학생이 단체방을 나가게 되면 또 초대하는 식으로 '카톡감옥'에 갇히게 하여 괴롭힌다.

사이버 공간에서의 갈취나 강요 모두 괴롭히는 수법이 점점 교묘해지고 진화되어 피해자의 적극적인 신고가 필요하다.

앞서 사이버폭력 증가 원인으로 스마트폰 보급과 코로나19로 인한 사회 변화를 언급했다. 또 다른 원인을 보자면 청소년기의 발달적 특징으로 볼 때 또래 집단에 대한 소속감, 인정을 중요시하는 점을 들 수 있다. 사이버 따돌림을 보면 여럿이 한 학생을 괴롭힌다. 가해 학생들은 소속된 집단에서 배제되어 자신도 왕따가 되지 않을까 하는 두려움에 방관자가 되거나 힘을 과시하기 위해 주도적으로 행동하며 뭉치게 된다.

사이버폭력이 심각하게 받아들여져야 하는 이유는 사이버 공간이라는 특수성이 있기 때문이다. 학교 안에서는 선생님과 친구들의 눈이 있다. 학교 밖에서도 친구들과 어른 등 제삼자의 눈이 있다. 하지만 인터넷, 스마트폰 속에서는 나를 상대방에게 드러내지 않고 감출 수 있다. 밖에서는 소심하고 소극적인 성향이어도 사이버 공간에서는 적극적으로 표현할 수 있게 된다. 이런 특성이 부정적으로 흘러가게 되면 언어폭력, 성폭력 등 사이버폭력으로 나타난다. 가상의 공간에서 가해 학생은 피해 학생의 고통과 괴로움을 직접 느낄 수 없어 더욱 죄책감이나 죄의식을 갖지 않고 행동할 수 있다.

학교폭력은 이제 시공간을 초월하여 발생하게 되었다. 변화하는 시대에 따라 사이버폭력도 점점 진화할 것이다. 예전보다는 언론 보도가 빈번하여 피해가 많이 알려지고 그에 따른 처벌 방안이나 대응이 활발하게 논의되고 있는 것도 사실이나, 아직도 소리 내지 못하고 속으로 고통에 신음하고 있는 피해자들이 많을 것이다. 학생들이 더는 피해받지 않고 목소리를 낼 수 있도록 예방 교육을 하고 부모, 교사, 어른들도 공감하고 이해하는 자세가 필요하다.

가장 엄중한 성폭력

'성폭력'이란 상대방의 의사에 반하여 성을 매개로 가해지는 것으로 성추행, 성폭행뿐만 아니라 신체적, 심리적, 언어적, 사회적 등 모든 폭력 행위를 포괄하는 넓은 개념이다. 성폭력 행위 중 가장 경미한 성희롱부터 성추행, 준강간, 강간이 행해지고 스마트폰 보급으로 사이버상에서의 성폭력에 이르끼까지 심각한 성폭력 사건이 발생하고 있다.

2018년도에 연예계 미투 사건이 세간을 떠들썩하게 했다. 미투로 지목된 유명인들이 가해자로 지목돼 큰 충격을 주었고 그 결과로 연예계 활동을 중단하거나 심지어 자살로 삶을 마감하게 된 사례도 있었다. 그들은 자타가 자신을 공인으로 간주하는 만큼 성폭력 사건에 연루될 경우, 윤리·도덕성의 책임을 지도록 요구받으며 국민에게 비난을 받는 일을 예민하게 받아들이기 때문이다.

그 이후로도 사회적으로 주목할 만한 성범죄 사건들이 보도되면서 그동안 들추기 어려운 성범죄 사안들이 노출되었다. 그러면서 성폭력처벌법 등 성범죄에 대한 처벌을 상향하는 등 법안이 여러 차례 제정되거나 개정되었다. 성범죄에 관한 관심이 늘어남에 따라 성범죄 처벌을 더 강화해달라는 국민의 요구가 반영된 것이다.

학교폭력 신고 중 제일 예민해지고 조심스럽게 접근하게 되는 사안이 성 관련 사안이다. 나뿐만 아니라 전국의 모든 학교전담경찰관도 예외는 아닐 것이다. 다른 사안들은 명백한 증거들을 가지고 있기에 어느 정도 피해자, 가해자의 판단이 가능하지만, 성 관련 사안은 증거도 없고 애매한 경우가 많다. 피해 학생의 경우 겨우 신고는 했지만, 당시 상황을 떠올리고 싶지 않아서 진술을 꺼리는 경우도 많다. 아무리 경미한 성희롱, 성추행이라고 하더라도 당하는 처지에서는 평생 잊지 못할 고통스러운 기억일 것이다. 가해 학생도 가해 사실이 학교와 친구들에게 알려지면 '성폭행범' 등으로 낙인찍히고 자신도 또한 그 상처를 받을 수 있어 조심스럽다.

내가 근무할 당시 언론에서도 한창 이슈로 떠올랐던 사건이 있었다. 여자 연예인의 전 남자친구가 둘의 성관계 동영상을 유포하겠다고 협박한 일이다. 일명 '리벤지 포르노'라고 부르는데 복수를 할 목적으로 헤어진 연인이나 배우자의 영상을 인터넷 등 온라인상에 유포하는 것이다. 피해자들은 우울증, 불면증, 대인기피증 등 정신적 피해가 아주 심하고 심지어 자살까지 가게 되는 극단적인 경우도 있다.

위와 같이 상대방 동의 없이 또는 인식 없이 동영상을 촬영하면 「성폭력범죄의 처벌 등에 관한 특례법」에서 규정하는 '카메라 등을 이용한 촬영죄'에 해당한다. 7년 이하의 징역 또는 5,000만 원 이하의 벌금에 처할 수 있다. 게다가 이 영상을 유포하겠다고 협박까지 하면 '협박죄'에 해당하여 가중처벌을 받게 된다.

요즘은 스마트폰의 보급으로 학생들의 '카메라 등을 이용한 촬영죄'가 점점 증가하는 추세다. 교제하다 성관계를 하면서 피해 학생 몰래 촬영하여 입건되는 사례가 있다. 청소년기는 성적 호기심이 왕성하여 충동을 조절하기 어려울 수 있다. 더구나 캠코더나 디지털카메라 없이도 소지하고 있는 스마트폰만으로도 촬영할 수 있다.

문제는 거기서 끝나는 것이 아니다. 촬영된 사진이나 동영상을 스마트폰으로 다른 친구에게 전송한다. 나중에 피해 학생이 유포 사실을 알게 되어 충격에 휩싸이고 부모님까지 알게 되어 신고로 이어져 형사입건까지 된다. 다른 친구에게 전송하였다면 유포한 것으로도 처벌받게 된다. 동영상을 받은 친구가 또 다른 친구에게 전파해도 범죄가 되어 더욱 심각해지는 상황이 된다.

그렇다면 피해 학생이 신고하여 입건됐을 경우 가해 학생이 사진이나 동영상을 삭제하면 증거가 사라져 처벌하는 것이 불가능하게 되지 않을까?

증거를 삭제했다고 해도 디지털포렌식 기법으로 데이터 복원이 가능하다. 디지털포렌식은 각종 디지털 데이터 및 통화기록, 이메일 접속 등의 자료를 수집, 분석하여 범행과 관련된 증거를 확보하는 수사 기법을 뜻한다.

조사를 받는 학생 중 일부는 "저는 그런 적 없는데요, 증거 있으면 가져와 보세요."라며 당당하게 말한다고 한다. 그럼 수사관이 디지털포렌식 기법에 관해 얘기하면 그제서야 사실대로 이야기한다고 한다. 범행 수법만큼이나 범죄 분석 기법도 나날이 발전하니 수사기관을 얕봐서는 안될 일이다.

남녀공학 중·고등학교에서 강의하면 꼭 당부하는 부분이 있다. '교제할 때 상대방이 허락하지 않은 스킨십은 절대 하지 말아야 한다.' 제일 중요한 것은 교제하면서 평소 내 느낌을 생각해보고 상대방에게 표현할 줄 알아야 한다는 점이다.

그리고 내 표현을 존중해주는 사람을 만나야 한다. 실제 둘만이 있는 공간에서 묘한 분위기에 스킨십을 할 수도 있는데 상대방도 동의하면 괜찮지만 거절하는데도 불구하고 강제로 신체 부위를 만진다면 나를 존중해주지 않는다고 생각하고 만나지 말라고 한다. 물론, 교제하는 것은 개인의 자유이고 사생활 문제이지만 정신·신체적으로 미성숙한 시기에 잘못하면 건전하지 못한 관계가 될 수 있다.

사이버상에서 성폭력으로 앞서 언급했던 카메라 이용 촬영죄 사례 말고도 빈번하게 발생하는 사안으로 성희롱이 있다. 「성폭력범죄의 처벌 등에 관한 특례법」에서 '통신매체이용음란죄'에 해당한다. '통신매체이용음란죄'는 자기 또는 다른 사람의 성적 욕망을 유발하거나 만족시킬 목적으로 전화, 우편, 컴퓨터, 그 밖의 '통신매체'를 통하여 성적 수치심이나 혐오감을 일으키는 말, 음향, 글 그림, 영상 또는 물건을 상대방에게 도달한 행위라고 정의한다. 처벌은 2년 이하의 징역 또는 2천만 원 이하의 벌금에 처한다.

어느 날 한 초등학교 윤리부장 선생님으로부터 전화가 왔다. 5학년 여학생의 카카오톡으로 누군가 남자의 성기를 찍은 사진을 보냈다는 것이다. 아직은 어린 여학생에게는 충격이었다. 그래서 상대방을 신고하고 싶은데 어떻게 해야 하는지 몰라서 전화했다고 했다.

나는 경찰서 사이버수사팀에 신고하면 수사관이 도움을 줄 것이라고 이야기했고, 여학생이 정신적 트라우마가 생길 수 있으니 학교 내 위클래스(Weeclass)에서 주기적으로 상담할 것을 권유했다.

그 후 결과가 나왔는지 궁금하여 학교에 연락해보니 범인은 모 고등학교 1학년 남학생이었다는 것이다. 그 남학생은 그냥 재미 삼아 음란 사진을 보내고 성적인 대화를 했다는 것이다. 이 사건을 계기로 자신의 행위가 범죄가 된다는 것을 알았고 크게 반성하고 있으며 피해 학생에게 진심으로 사과하였다고 했다.

이렇듯 남학생들은 장난과 호기심에 자신의 행위가 성범죄로 처벌될 수 있는 사실을 모르고 스마트폰으로 음란 사진이나 음란 영상물, 성적 메시지를 상대방에게 보내, 졸지에 성범죄 이력을 남기는 경우가 있다.

학생들에게 성범죄를 저지르면 중한 처벌이 가능함을 인식하게 하는 교육이 필요하다. 그래서 학교에 가서 범죄 예방 강의를 하게 되면 교육할 때 빼놓을 수 없는 부분이 이 성범죄에 대한 교육이다. 성범죄로 신고되면 형사처벌을 받게 될 뿐만 아니라 별개로 학교에서도 당연히 학폭위에 넘겨진다. 정도에 따라 다르지만 제일 센 처분 결정인 전학, 퇴학 처분도 받을 수 있다고 얘기한다.

또한, 나중에 성인이 되어 성범죄자로 처벌받게 되면 보안처분으로 신상정보 공개, 전자발찌부착 명령 처분 등도 선고받을 수 있어 무서운 범죄라고 강조한다. 대학 진학 또는 취업에도 불리하고 취업이 제한되는 예도 있다고 하면 학생들의 눈빛이 달라진다. 진정으로 학생들이 체감할수 있는 실질적인 교육으로 성범죄를 줄여나가야 함이 절실하게 느껴진다.

장난으로 시작한 폭력행위

2000년대 들어서면서 뉴스에서 보도되기 시작한 일명 '기절놀이'. 의식을 잃을 때까지 목을 조르거나 숨을 참는 행위로 10대들이 재미 삼아 하는 이 행위가 아직도 몇 년에 한 번씩 유행하고 그 피해 사례가 언론에 보도되고 있다.

미국에서도 2015년 기절놀이가 유행하면서 1년에 26명 사망했다는 충격적인 기사가 보도된 적도 있고 최근에는 소셜앱 틱톡(TikTok)에서 유행하는 기절 챌린지(Blackout Challenge)를 따라하다가 이탈리아 10세 소녀가 사망하고 미국 12세 소년이 의식을 잃은 후 깨어나지 않아 결국

뇌사 판정을 받은 사건도 보도되고 있다.

목을 조르게 되면 혈액과 산소 공급이 차단되어 순간 의식을 잃게 되는데 그 순간 황홀감이 느껴진다고 한다. 하지만 이런 황홀한 경험, 호기심과 장난의 결과는 지능 저하, 신장·척추 손상, 심장 정지라는 끔찍한 결과로 이어질 수 있어 절대로 해서는 안 될 위험한 행위이다. 또한, 이런 위험한 행위를 '놀이'라고 칭하는 단어 사용도 없어져야 할 것이다.

내가 학교전담경찰관으로 근무하는 동안에는 실제 기절놀이 사건을 접해본 적은 없었고 뉴스, 방송을 통해서 간접적으로 접했었다.

몇 년 전 MBC 〈실화탐사대〉에서 방영된 사건이 있었다. 한 고등학생이 기절놀이를 당한 후에 바뀐 삶과 이면에 드러난 실체가 보도됐다. 단순한 장난이 아닌 학교폭력이었다. CCTV에 편의점 앞에서 가해 학생이 피해 학생의 목을 조르자 곧 바닥에 쓰러진 장면이 고스란히 나와 있었다. 그 장면만 놓고 본다면 심한 장난 정도로 비치는데 나중에 밝혀진 CCTV 장면, 가해 학생이 그 자리에 있던 다른 친구들과 한 대화 내용을 보면 가해 학생의 일방적 괴롭힘으로 서로 장난친 것이라기보다 명백한 폭력에 해당하는 행위였다.

학생은 사건 이후 후유증으로 지능이 저하되고 어린아이처럼 행동하여 학교도 다니지 못하는 상황이었고 4개월 후에는 트라우마로 인해 자해 시도까지 하는 등 심각한 상태가 되었다. 학생의 아버지가 홀로 사건의 진실을 파헤치기 시작했다.

아들은 그동안 가해 학생의 폭행에 시달리며 두려움에 떨고 있었다. 괴롭힘을 당하고 있다는 것을 밝히면 보복을 당할까 봐 두려워 말을 못 하고 속앓이를 하고 있었다. 그것도 모르고 아버지는 가해 학생과 합의까지 했으니 그 사실을 알고는 억장이 무너졌을 것이다.

장난으로 위장한 폭력으로 자신만의 찬란한 꿈이 있는 한 학생의 인생을 짓밟아 놓았다. 아버지가 하나밖에 없는 아들을 돌보며 그 힘든 상황을 보내고 있는 것을 보니 너무 가슴이 아팠다. 모쪼록 지속적인 치료와 재활로 학생의 상황이 호전되고 부자가 다시 행복하길 바랄 뿐이다.

나는 학교전담경찰관으로 2016년부터 2018년까지 경찰서 여성청소년과 여성청소년계에서 근무했다. 그 후 인천경찰청(前 인천지방경찰청) 여성청소년과 아동청소년계로 발령받아 2년 동안 청소년 선도·보호 업무를 맡게 되었다.

경찰서에서는 관내 학교폭력 사안이 발생하면 담당 학교전담경찰관이 학교폭력 예방 교육 시행, 학폭위 참여, 관련 학생 면담, 선도 프로그램을 진행 등 학생들을 대면하는 직접적인 일을 했지만, 청에서의 업무는 직접 선도·보호 활동을 하기보다 인천지역 관내 10개 경찰서의 청소년 선도·보호 업무를 총괄·기획하는 일을 담당했다.

청에서 근무할 때인 2020년 11월 인천에서 스파링을 가장한 학교폭력 사건이 발생했다. 이 사건은 각종 방송사, 인터넷 뉴스 등 언론 매체에서 앞다투어 보도되었다. 피해 학생 어머니의 청와대 국민청원에 37만 명 이상 참여할 만큼 국민적 관심이 컸고 가해 학생들에 대한 강력한 처벌을 요구하였다. 그 당시 나는 발생한 사안에 관해 기사가 나기 전 알고 있어서 심각한 사건으로 인지를 하고 있었다.

고교 1학년인 가해 학생 2명은 아파트 내 체육시설로 동급생인 피해 학생을 불러 격투기 스파링을 하자고 했다. 머리 보호구를 착용하게 한 뒤 번갈아 가며 머리, 얼굴 등 신체를 폭행했다. 피해 학생이 기절하자 옆에서 장난치고 놀면서 바닥에 물을 뿌리고 끌고 다니기까지 하는 등 잔인한 행위를 서슴지 않았다고 한다. 이런 행동을 볼 때 가해 학생들은 사태의 심각성을 전혀 느끼지 못하고 있었음이 분명하다.

가해 학생들은 중상해 및 특정범죄 가중처벌 등에 관한 법률(약칭:특가법) 공동주거침입 혐의로 구속되었고 재판이 진행 중이다. 피해 학생은 병원에서 의식불명 상태에서 깨어나지 못했으나 2021년 1월 중 의식은 되찾아 더딘 회복을 보인다고 하니 깨어나서 정말 다행이었다.

경찰 단계에서 학교전담경찰관이 진행하는 선도 활동으로 소년범 조사 시 '전문가 참여제'가 있다. 소년범이 형사 입건되면 제일 먼저 진행하게 되는 절차로 범죄심리사가 소년범과 1:1로 면담하고 그 결과지인 '비행성예측자료표'를 작성한다. 이 자료는 경찰 단계에서 소년범의 특성을 파악하여 선도 프로그램을 진행하는 데도 활용되며 검찰, 법원의 소년범 처분 결정에 있어 처우에 참고 자료로 활용되고 있다.

입건된 소년 중에 초범의 경우는 재비행 위험성 평가 점수(총 30점)가 10점 이하로 낮게 나온다. 초범과 경미한 소년범의 경우는 학교전담경찰관의 경찰 단계 선도 활동으로 재비행이 예방되는 경우도 많다.

인천가정법원 소년부 담당 판사님과 간담회 때 전문가 참여제 실시 결과 자료표가 소년범 재판에서 참고 자료로 유용하게 활용된다는 긍정적인 말씀을 해주셨다. 이런 부분에 있어 시너지 효과가 발생해 효과적인 선도 제도라고 볼 수 있다.

이에 반해 재범이나 강력 소년범은 15점 이상으로 높게 나온다. 이런 경우 보통 법원의 보호처분이나 형사처벌을 받아야 품행이 개선된다. 위의 사례에서 가해 학생들은 이번 사건 전에도 이미 가해 전력이 있던 학생들이다. 이번 죄명도 중상해와 특가법이 적용된 중한 형사사건으로 결심공판에서 소년법상 최고형(장기 10년, 단기 5년)이 구형된 만큼 법원

판결이 가볍게만은 나오지 않은 것이다. 가해 학생들은 구치소 안에서 많이 반성하고 후회하고 있다고 하니 이번 사건을 계기로 피해 학생에게 크게 속죄하고 바르고 성실하게 살아가길 바란다.

'장난'의 사전적 의미는 주로 어린아이들이 재미로 또는 심심풀이 삼아 하는 짓이다. 말 그대로 장난은 재미와 심심풀이로 하는 것이지 친구를 기절할 정도까지 목을 조르고 때리는 행위는 장난이 아닌 범죄 행위이다.

112에 장난삼아 허위로 신고하면 위계에 의한 '공무집행방해 및 경범죄처벌법'에 의해 거짓신고로 처벌받을 수 있다. 아이들도 장난으로 112에 거짓신고를 한다. 학교나 가정에서 아이들에게 위급한 상황이 생기면 112에 신고하라고 가르치지만 112에 장난 전화가 잘못된 행동이라고 가르치는 선생님이나 부모님은 거의 없을 것이다. 장난으로 하는 112 허위신고가 처벌되는 범죄인 것과 마찬가지로 학생들이 장난이라고 생각하는 폭력 역시 강력하게 처벌될 수 있음을 각인시켜야 한다.

성적 자기 결정권을 침해하는 성적폭력

내가 초등학교(그 당시 국민학교) 다닐 때만 해도 남학생들이 여학생의 치마를 들추고 도망가는 장난을 많이 쳤다. 그때는 보편적으로 성에 대한 인식이 낮아 애들끼리의 장난으로 치부하곤 했다. 하지만 지금은 성폭력으로 신고될 수 있는 결코 무시하지 못할 문제가 되었다. 성폭력에 대한 개념이 언어, 신체, 정신적 폭력으로 확장되어 성에 대한 인식도 예전과 다르게 변했기 때문이다.

넓은 의미의 성적폭력에는 '성적 자기 결정권'을 침해하는 행위도 성폭력에 해당한다.

'성적 자기 결정권'이란 성에 관한 사항을 자기 스스로 결정할 수 있는 권리이다. 헌법상 기본권이기 때문에 대한민국 국민이라면 누구나 주체가 될 수 있고 청소년 또한 마찬가지이다.

지난 2019년 중학교 2학년 남학생 2명이 후배 남학생을 시켜 같은 중학교 여학생을 불러내 술을 먹인 후 만취 상태를 이용하여 성폭행한 사건이 있었다. 가해 학생들의 범행 내용과 수법은 그 또래의 학생이 범했다고 보기에 꽤 충격적이었고 여학생 어머니가 국민청원을 올려 더욱 국민의 공분을 산 사건이었다. 남학생들은 괴롭히던 후배 남학생에게 피해 여학생을 부르게 했고 가해 학생들을 무서워하던 여학생은 자리에 나가게 되었다. 남학생들의 강요로 술을 많이 마시게 되었고 인사불성이 된 상태에서 피해를 보게 된 것이다.

2021년 4월 가해 학생들은 장기 4년에 단기 3년으로 항소심 판결이 확정됐다. 재판부는 당시 나이가 만 14세로 형사미성년자를 벗어난 지 얼마 지나지 않은 시점에서 인격이 미성숙한 상태로 결과를 고민하지 않고 범행한 점을 참작했다고 한다. 가해 학생들은 잘못에 대한 죗값에 따라 형을 살고 나오면 되지만 피해 학생에게는 당시의 피해 상황이 정상적인 상태가 아닌 만취한 상태에서 강제로 당한 일이기 때문에 정신적 충격이 매우 컸을 것이다. 피해 학생은 주기적인 상담이 필요해 보였고 상처가 치유되기를 바랄 뿐이었다.

준강간죄·준강제추행죄(형법 제299조)는 사람의 심신상실 또는 항거 불능의 상태를 이용하여 간음 또는 추행을 함으로써 성립하는 범죄이다. 소년들이 상대방에게 폭행, 협박을 사용하지 않고 저항 없이 수월하게 범행을 하기 위해 술을 마시게 하여 취하게 하거나 잠자는 틈을 이용하는 예가 있다.

폭행, 협박 등 물리력을 사용하여 성폭행을 저지르는 행위도 당연히 비난받아 마땅한 일이지만 정신을 잃을 정도로 술을 먹인 후 성폭행을 시도한 것 또한 강간 또는 강제추행의 예에 의해 처벌을 받는 만큼 중한 범죄로 인식하고 학생들에게 반드시 교육해야 할 것으로 보인다.

성적 자기 결정권과 관련된 것으로 '강요에 의한 성매매'를 들 수 있을 것 같다. 청에서 근무할 당시 관내 경찰서에서 채팅앱을 통해 알게 된 청소년에게 숙식을 제공한다고 유인해 성매매를 강요하고 성폭행을 한 성인 남성들을 구속 및 불구속 입건한 사건이 있었다.

「성매매알선 등 행위의 처벌에 관한 법률」 제2조 제4호③에 "청소년, 사물을 변별하거나 의사를 결정할 능력이 없거나 미약한 사람 또는 대통령령으로 정하는 중대한 장애가 있는 사람으로서 성매매를 하도록 알선·유인된 사람"을 성매매 피해자로 규정하여 처벌을 면제하고 있다. 청소년의 경우 성에 대한 인지 및 성행위에 대한 판단력이 약하기 때문에 보호의 대상으로 보는 시각이다.

청소년의 이러한 특징으로 유혹에 넘어가기 쉬운데 더욱이 불우한 가정환경으로 가출을 일삼거나 비행 청소년들과 어울리면서 일탈 행위를 일삼는 청소년들의 경우 대부분 생활비, 유흥비가 부족하여 비행에 노출되고 범죄 표적이 되기 쉽다. 위 성매매 강요 사건에서 피해 청소년들에는 가출 청소년과 중·고등학생도 포함되어 있었다. 그리고 또래 소년들 간 성매매를 강요하기도 했다.

언제부터인가 그루밍 성폭력(Grooming sexual violence)이라는 단어가 사용되기 시작했다. 피해자에게 정신적으로 유대 관계를 형성한 뒤 성적으로 착취하는 성폭력으로 주로 심리적으로 길들이기 쉬운 아동·청소년 대상으로 이루어진다.

요즘은 청소년들 대부분이 스마트폰을 사용하기 때문에 손쉽게 채팅 앱을 이용하여 이성과 만날 수 있다. 질 나쁜 성인들이 성적 욕구를 충족하기 위해 가출하거나 정신적으로 고립된 청소년에게 접근하여 길들인 후 성폭력을 할 수 있다. 그루밍 성폭력의 피해자가 될 가능성이 높아진 것이다. 돈이 필요한 학생이 쉽게 유혹에 빠지는 경우도 마찬가지이다.

2020년 「성매매알선 등 행위의 처벌에 관한 법률」 제38조 ③항 조치 부분을 개정하여 성매매 피해 아동·청소년을 발견한 경우 신속하게 사건을 수사하고 보호 시설 또는 상담 시설에 연계 및 교육·상담 및 지원 프로그램 등 참여 조치를 해야 한다고 규정했다. 성매매 아동·청소년의 피해 사례가 대두되면서 개정 규정과 같은 보호 조치가 꼭 필요하다고 생각한다.

내가 면담자로 지정해서 주기적으로 연락을 했던 여중생이 있었다. 부모님은 이혼하고 아버지와 같이 살고 있지만, 비행 청소년들과 어울리며 집에 들어가지 않을 때도 있었다. 그 사실을 아버지한테 전화했을 때 알게 되었다. 그 후 학생에게 연락하면 혼자 사는 친구 집에서 머물다가 온다고 한다. 그럴 때면 '혹시나 불건전한 만남을 갖는 것이 아닌가?' 하고 생각되어 걱정했던 기억이 있다. 이렇게 여학생들의 경우 위험에 노출될 환경에 있다면 자발적이든 원치 않든 성매매를 할 가능성이 커 보이는 것도 사실이다.

이와 반대로 여중생이 남학생들과 금품 갈취를 공모하여 성인 남성을 대상으로 범죄를 저지른 사례도 있었다. 랜덤 채팅앱을 통해 성관계를 원하는 성인 남자를 집으로 유인하여 감금한 후 폭행, 협박으로 금품을 갈취했다. 청소년들의 범행과 수법이 대담해지고 성인의 범행들과 별반 다르지 않다고 생각되었던 사건이었다.

2011년 실화를 바탕으로 한 소설 『도가니』가 영화화되면서 장애인 성폭력 문제가 재조명되었다. 사회적 약자인 아동, 장애인에 대한 성범죄 문제가 공론화되어 국민의 관심이 높아지면서 관련 법률이 제정되거나 개정되었다.

장애 학생도 당연히 학교폭력의 보호 대상이다. 학교폭력예방법 제2조 5호에서는 장애 학생을 신체적 · 정신적 · 지적 장애 등으로 「장애인 등에 대한 특수교육법」 제15조에서 규정하는 특수교육을 해야 하는 학생이라고 규정하고 있다.

내가 초등학교 5학년 때 다른 반 남학생들이 지능이 좀 모자란 지적 장애가 있는 학생을 괴롭히는 것을 본 적이 있었다. '바보'라고 놀리는 것은 예삿일이었다. 그런데 내가 지금까지 기억이 나는 이유는 다른 학생들도 다 있는 곳에서 장애 학생의 바지와 속옷까지 벗겨버린 모습을 보고 너무 놀랐기 때문이다. 그 학생은 별다른 저항도 하지 못했고 바지를 올렸다. 그 학생이 불쌍했는데도 나뿐만 아니라 다른 친구들도 어쩌지 못하고 바라보기만 했을 뿐이었다.

그 당시 이런 가해 학생들의 성적인 폭력이 장난으로 여겨졌다면 지금은 심각한 사건이다. 성 관련 사안으로 반드시 학폭위를 개최하여 종결할 사안이다. 5학년 정도면 장애 학생이 남들과 다르다는 것쯤은 알고 있기에 고의성이 있다고 볼 수 있다.

이런 장애 학생에 대한 성적인 폭력은 아직도 일어나고 있다. 가해자로는 가깝게는 친족, 교사가 될 수도 있고 또래 친구일 수도 있다. 장애 학생은 자기 보호 능력이 떨어져 보호자가 더 신경을 써야 할 부분이 많다. 그리고 피해를 봤을 때 대처할 수 있는 능력이 떨어져 주변에서 목격하면 적극적으로 신고하여 더 큰 피해를 예방하고 문제를 해결하는 것이 필요하다.

06

SNS에서 나를 비방했다고? 사이버 명예훼손

명예훼손죄란 공연히 구체적 사실 또는 허위의 사실을 적시하여 사람의 명예를 훼손함으로써 성립하는 형법상 범죄이다. 개인의 자유와 평온을 침해하는 죄로 법적 분쟁이 많은 범죄 중 하나이다. 우리는 주로 정치인 등 공인이나 연예인과 같은 유명인들의 사생활에 관한 내용이 진실이든 허위든 공공연하게 노출되었을 때 피해자가 법적 대응을 하겠다는 형태로 언론이나 방송을 통해 보도되어 알게 되곤 한다. 하지만 누구나 피해자가 될 수 있는 범죄가 명예훼손죄이다.

사이버 명예훼손은 말 그대로 사이버 공간에서 사람의 명예를 훼손하여 성립되는 범죄다. 다만, 형법이 아닌 「정보통신망 이용촉진 및 정보보호 등에 관한 법률(약칭:정보통신망법)」 제70조의 적용을 받게 된다. 사실을 적시했을 때 3년 이하 징역 또는 3천만 원 이하의 벌금형을 받고 허위사실을 적시했을 때는 7년 이하 징역, 10년 이하의 자격정지 또는 5천만 원이 이하 벌금을 과하는 절대 가볍지 않은 처벌이다.

푸른 나무 재단(청소년폭력예방재단)에서 발표한 2021년 전국 학교폭력 · 사이버폭력 실태조사 주요 결과에 따르면 코로나 시대 사이버폭력이 3배 이상 증가했다고 한다. 제일 피해가 많은 유형으로는 온라인상에서 대화를 통한 의사소통이 이루어지므로 당연히 사이버 언어폭력이고 그다음으로 사이버 명예훼손, 사이버 따돌림 순이다. 온라인 매체의 특성상 공연성이 높을 뿐만 아니라 전파력 또한 상당하기 때문일 것이다.

요즘 청소년들에게 스마트폰은 생활에 없어서는 안 될 필수품이다. 청소년뿐만 아니라 성인도 마찬가지일 것이다. 인터넷망 보급과 확산으로 인해 인터넷 중독, 온라인 게임 중독 현상이 어른, 아이 할 것 없이 많은 사람에게 나타나 사회적으로 문제가 되었는데 이제는 스마트폰 중독으로 인한 피해가 인터넷, 게임 중독보다도 심각해지고 있다.

수업을 마치고 나면 너 나 할 것 없이 손에서 스마트폰을 놓지 않는 청소년들에게 그들만의 소통의 공간인 페이스북, 카카오톡과 같은 SNS는 그 안에서 또래 문화를 형성해가고 존재를 확인하는 장이 되는 것 같다. 그러면서 자연스럽게 오프라인에서와 마찬가지로 온라인상에서의 명예 훼손, 모욕과 같은 학교폭력이 발생하는데 오프라인보다 확산 속도가 빨라 2차 피해가 우려되는 등 정신적인 피해가 훨씬 크다.

사이버 명예훼손과 더불어 사이버 모욕죄도 흔하게 발생하는 유형이다. 사이버 모욕에 대한 개념은 없으나 형법상 모욕죄의 구성 요건을 적용한다. 모욕으로 학폭위가 개최되고 형사입건되는 경우로 채팅 중 모욕적인 말과 욕설을 하고 불특정 다수가 있는 인터넷 게시판, 카페, 블로그 등에 올리는 행위들이다.

담당하던 초등학교에서 가해 학생 처분 결정을 위한 학폭위가 개최되어 참석했다. 온라인상에서 벌어진 모욕으로 다른 지역에 사는 피해 학생의 신고로 학교에서 사실을 알게 되었다. 초등학교 4학년인 가해 학생은 방과 후에 온라인 게임을 하면서 시간을 보내곤 했다. 같은 게임에 참여한 사람들과 채팅을 하면서 게임을 하는데 그날 게임에서 지고 있어서 분한 마음에 이기고 있는 피해 학생에게 욕설과 패드립을 했다고 한다. 게임을 하면서 알게 된 학생들은 각자 학교와 이름까지 공개하게 되었다. 초등학생이라 순진한 마음에 학교와 이름까지 알려주며 온라인상에서 소통했다. 가해 학생은 자신이 한 행동이 사이버폭력으로 신고될 수 있는 행위라는 것을 알지 못했을 것이다.

「청소년학연구(2014)」에서 청소년의 사이버폭력 가해에 영향을 미친다고 볼 수 있는 외부 환경 요인으로 가정, 학교, 사이버 공간의 3가지를 들고 있다.

위 사례를 보면 가해 학생의 경우는 우선 가정환경 영향으로 볼 수 있을 것 같다. 가정의 영향으로 "부모와의 유대감이 적고 안정적인 애착을 맺지 못한 청소년들은 사이버폭력 가해자가 되기 쉽다."라고 말한다.

당시 담임 선생님과 가해 학생을 만나보았다. 담임 선생님은 가해 학생의 가정환경을 잘 알고 있었기 때문에 방과 후 수업까지 마치는 것을 보고 돌려보냈고 세심하게 신경 써 주신 것 같았다. 일찍이 부모님의 이혼으로 할머니가 손자와 같이 살고 있었다. 학생은 방과 후 혼자 지내면서 인터넷, 온라인 게임을 하며 시간을 보냈다. 담임 선생님은 할머니의 훈육도 효과가 없고 아이가 스마트폰 중독인 것 같아 치료가 필요할 것 같다고 말씀하셨다. 이처럼 잘못된 행동에 대한 적절한 제재가 필요한 시기에 부모의 부재로 인해 교육이 방치된다면 일탈의 가능성이 더 커질 수 있어 주기적인 상담이 필요하다.

피해 학생이 사이버폭력으로 인해 느끼는 감정으로 보통 불안, 우울감, 두려움을 호소하고 수치심을 느끼는 경우가 많다. 특히 여학생들은 사춘기에 특히 외모에 관한 관심이 높다. 남들에게 예뻐 보이고 싶은 마음은 인지상정이다. 요즘 카메라 앱은 예쁘게 화장까지 시켜준다. 보정한 증명사진처럼 내가 아닌 듯(?)하게 앱으로 찍은 사진을 보면 자신감이 뿜뿜이다. 그래서 카카오톡이나 페이스북에 프로필 사진을 바꾸어놓는다. 그럼 친구들이 벌떼같이 달려들어 마구 비난을 한다. '실물이랑 너무 다른 거 아니냐?', 'ㅇㅇㅇ 어디 있냐?', '성형수술 했어?'라고 올린 톡이나 댓글을 보고 마음이 상해 우울해한다. 욕까지 하면 더 기분 나쁘다. 이렇게 위축되고 자존감이 떨어지게 된다.

반대로 가해 학생에게 분노를 느끼거나 보복하는 경우도 있다. 남학생들은 게임을 하다가 비난을 들으면 화가 나 키보드를 부순다든지 똑같이 악성 댓글을 달면서 보복 행위를 한다. 분노를 조절하지 못한 피해자가 가해자가 될 수도 있다. 실제로 채팅하면서 욕설과 비난이 시작되면 나중에 맞짱 뜨자며 만나서 집단 폭력행위로 사건이 번지기도 한다.

사이버 명예훼손까지 당해 극단적인 생각으로 생을 마감한 여중생이 있었다. 몇 년 전 타 관내에서 한 여학생이 아파트에서 투신했다. 그 여중생은 A 남학생에게 성추행 당한 사실을 B 남학생에게 말했는데 B는 성추행 사실을 빌미로 주변에 알리겠다며 여중생을 협박하고 그것도 모자라 성폭행했다. 그런데 전 남자친구인 C 남학생까지 가세해 여중생의 성관계 사실을 SNS에 올리는 등 성적으로 비방하는 글을 올려 명예훼손까지 한 것이다. 이를 견디다 못한 여중생은 극단적인 선택을 했다.

이러한 사실을 알게 된 여중생의 아버지가 '딸의 원한을 풀어 달라'는 국민청원을 올려 공론화되었다. 성폭력 사실로도 괴로운데 사이버 명예훼손으로 소문까지 났으니 여중생이 얼마나 정신적인 고통을 받았을지 피해의 단면을 여실히 보여주는 사건이었다.

이렇게 사이버폭력으로 인한 피해는 무엇보다도 정신적 여파가 크다. 연예인 학교폭력 미투 운동만 보더라도 학교 다닐 때 가해 학생에게 입은 피해가 치유되지 않아 성인이 됐는데도 고통스러운 기억으로 남아 있는 것을 보면 트라우마를 남기게 되는 것이 분명하다.

사이버 명예훼손은 누구나 피해자나 가해자가 될 수 있다. 메신저 서비스, SNS를 통해 소통하고 의사 전달을 하는 현대사회에서 경각심을 갖고 주의를 기울이지 않으면 자칫 범죄자가 될 수 있다. 나조차도 법을 잘 몰랐을 때는 단톡방에서 떠도는 개인 생활이나 정보를 퍼 나른 적이 있었는데 나중에 알고는 아차 싶었다.

청소년 대부분이 온라인상에서 남을 괴롭히는 것은 아니다. 하지만 소수의 가해자로 인해 가해자가 여럿이 되는 확산 효과가 나고 피해자의 고통이 가중되는 사이버폭력은 어른들의 적극적인 지지와 개입으로 예방하고 대처할 수 있다.

07

단톡방이 무서워요, 사이버 따돌림

사이버 불링(Cyber bullying)이라고 부르기도 하는 사이버 학교폭력 유형 중 빈번하게 발생하는 사이버 따돌림. 최근 사이버 따돌림은 오프라인에서의 집단따돌림보다 발생이 증가하고 있다. 코로나19로 비대면 수업이 진행되어 등교 일수가 줄다 보니 학생들은 집에서 보내는 시간이 많아졌고 온종일 스마트폰을 사용할 수 있는 상황에 놓여 있게 되었다. 카카오톡 단톡방, 페이스북 메신저 등 접근성이 좋은 사이버 공간에서 주로 소통이 이루어지니 여럿이 피해자를 괴롭히고 공격하는 것도 쉽게 이루어진다.

사실 따돌림은 사람이 모여 사는 집단생활을 하는 문화에서 불가피한 현상으로 보인다. 학생들뿐 아니라 성인들도 회사, 모임 등 무리에서 따돌림을 당하는 경우도 많다. 성인과 다른 점이라면 학령기 연령대인 청소년기 특성으로 또래 문화에서 소속감을 강하게 느끼며 신체·정신적으로도 미성숙하여 피해를 보았을 때 대처 능력이 떨어진다는 점이다.

「학폭예방법」 제2조 1-3에서 '사이버 따돌림'에 대해 정의하고 있다. "사이버 따돌림이란 인터넷, 휴대전화 등 정보통신 기기를 이용하여 학생들이 특정 학생들을 대상으로 지속적, 반복적으로 심리적 공격을 가하거나 특정 학생과 관련된 개인정보 또는 허위사실을 유포하여 상대방이 고통을 느끼도록 하는 모든 행위를 말한다."라고 규정하고 있다.

「학폭예방법」에서는 사이버 따돌림의 범위를 포괄적으로 규정하고 있어 협박, 모욕, 명예훼손 등 심리적 고통으로 피해를 보는 경우 사이버 따돌림으로 보아 학폭위에서 처분 결정이 가능하다.

사이버 따돌림의 대표적인 유형으로 채팅방에 강제로 초대해 욕을 하는 '떼카', 채팅방을 나가도 계속 초대해 괴롭히는 '카톡감옥', 단톡방에 피해자를 초대해 욕을 한 뒤 모두 빠져나가는 '방폭', 그리고 페이스북 등 SNS에 저격 글, 댓글을 이용해 다수의 학생이 피해 학생을 비난하거나 공격하는 형태다.

어른들에게 사이버폭력의 심각성을 알리기 위해 학교폭력피해자가족협의회에서 제작한 '사이버폭력 백신'이라는 앱이 있다. 청소년 사이버폭력의 실태를 몇 분간 간접 체험해보는 앱이다. 실제 학생들이 겪었던 피해 사례를 바탕으로 만들었다고 하고 궁금해서 어플을 깔고 체험해보았다. 욕설과 비방, 협박성 톡이 수십 개씩 연달아 올라오고 피해자를 남기고 일제히 단톡방에서 나간다. 괴롭히고 있는 동영상을 찍어 페이스북에 올리고 뒤를 이어 악의적인 댓글이 달린다.

나는 순간 온몸에 소름이 돋고 기분이 정말 나빴다. 그곳에서 빠져나오고 싶었다. 간접 체험이었음에도 무척 불쾌한 경험이었다. 실제로 보이지 않는 어딘가에서 지속해서 피해를 봐 고통받고 있을지도 모를 청소년이 있을 것에 마음이 아팠고 사이버폭력 실태 체험을 통해 피해자의 고통과 상처를 알게 되었다. 어른들이 사이버폭력의 심각성을 깨닫고 적극적으로 나서서 사이버폭력을 예방하는 데 힘써주면 좋겠다고 생각했다.

사이버 따돌림 등 사이버폭력은 피해가 발생해도 가상공간에서 벌어지기 때문에 가족, 친구 등 주변 사람들이 알기 힘든 부분이 있다. 그래서 우선 청소년들 스스로 폭력에 대처하기 위해 교육이 필요하다. 저스틴 패친 & 사미어 힌두자의 공저 『사이버폭력 앞의 아이들』에서 알아두면 좋은 대처 방법들을 소개하고 있다.

1. 일기를 써라

자신에게 일어나고 있는 모든 것을 일기에 기록한다. 시간이 지나가면 기억해내기 어려우므로 곧바로 적는데 누가, 언제, 어떤 언행을 했고 그에 대한 나의 반응과 느낌, 자신에게 정신적·신체적으로 어떤 영향을 미쳤고 안전에 위협을 느꼈는지 등 자세히 적는다.

2. 증거를 수집해라

오프라인상 폭력은 가해자와 피해자 단 두 명일 때는 목격자가 없어 증거 확보에 어려울 수 있지만, 인터넷, 스마트폰의 캡처 기능을 사용한 다면 증거 수집이 가능하다. 피해자는 힘들고 괴로워 바로 지우고 싶을 수도 있지만 도움을 요청하길 원하면 사이버폭력이라고 생각되는 이메일이나 문자는 저장하거나 출력하고 화면은 캡처하자.

3. 절대로 보복하지 마라

내가 받은 피해를 보복하기 위해 상대방에게 똑같이 비방이나 욕설을 한다면 상대방도 내용을 저장하거나 캡처하여 피해의 증거로 삼을 수 있어 되갚고 싶더라고 반격하지 말고 조심해야 할 것이다.

4. 주변 사람들에게 이야기해라

부모, 교사, 친구 등 혼자서 끙끙 앓고 괴로워하지 말고 어떤 상황에 부닥쳤는지 이야기해라. 무슨 일에 처했을 때 누구보다도 걱정해주고 도움을 줄 사람들이다. 그런데 만약 주변에 말하는 것이 어렵다면 청소년 사이버 상담센터 1388, 117 신고센터 등 상담을 통해서 조언을 구하고 대처하는 것도 좋다.

5. 무시해라

남을 괴롭히는 사람 중에는 상대가 화를 낼수록 더 재미를 느껴서 하지 말라고 하는데도 계속 괴롭히는 경우가 있는데, 반응하지 않으면 예상 외로 그만둘 수도 있다.

6. 웃어넘겨라

가해자는 괴롭힘을 장난으로 하거나 일부러 상처 주기 위해 그러는 예도 있는데 그렇더라도 농담으로 넘겨버리면 심각한 사이버폭력으로 변질되지 않을 수도 있다.

7. 목소리를 내라

"이제는 그런 말들은 하지 말았으면 좋겠어.", "네가 했던 말 때문에 무척 힘들었어." 등 화를 내거나 공격적으로 하지 말고 기분 상하지 않게 적당한 표현으로 그만하라고 말해보라. 그런데도 멈추지 않고 괴롭히면 어른에게 도움을 받아야 한다.

8. 사이버폭력을 차단하고 웹사이트에 신고해라

어떤 사람이 지속해서 문자를 보내거나 대화를 걸면 그 사람을 차단해야 한다. 그리고 페이스북 등 유명한 웹사이트는 악플이나 부적절한 사진 등에 대해 신고하도록 권장하고 있다고 하니 그 신고 기능을 활용해라.

9. 신변의 안전을 위협한다면 경찰에 신고해라

경찰이 개입하여 법적 제재 조치가 가해진다면 가해자와 그 부모에게 보여주는 일이고 앞으로 계속될 경우 처벌을 받게 될 수 있음을 알게 할 수 있다.

청소년들은 위와 같은 다양한 대처법을 활용하여 사이버폭력의 피해로부터 자신을 보호해야 한다. 그리고 우리는 가정, 학교, 사회가 모두 노력해야만 사이버폭력의 피해로부터 벗어날 수 있음을 명심해야 한다.

08

군중심리 속 아이들, 집단폭행

최근의 학교폭력 경향으로 언급되고 있는 것 중의 하나로 집단화를 꼽을 수 있다. 더군다나 나날이 집단의 폭력성이 심해지고 흉포화되어 간다. 여럿이 한 사람을 폭행하는 집단폭행, 한 명을 상대로 다수가 행하는 집단폭력 행위야말로 찌질함과 비겁함을 절정으로 보여주는 행위가 아닌가 싶다.

언론에 보도되어 이슈가 되곤 하는 집단폭행 사례들을 보면 서울, 인천, 부산 등 지역을 불문하고 발생이 된다. 내가 여청과에서 근무하고 있던 때에도 전국구로 집단폭력 사건들이 발생하였다. 실제 집단폭행은 경미한 폭행부터 사망까지 할 정도의 폭행에 이르기까지 생각보다 많이 발생하고 있다. 주동자는 위력과 위세로 힘을 과시하기 위함이고 조력자는 주동자를 부추기거나 힘에 기댄다. 폭행이 경미하든 중하든 피해 학생에게는 신체적 외상뿐만 아니라 정신적 외상인 트라우마를 남겨 그로 인해 평생을 고통 속에 살아갈 수 있어 그 피해는 매우 심각하다.

학교전담경찰관으로 근무한 2018년 11월, 인천 타 관내에서 중학교 2학년 남학생이 아파트 옥상에서 추락해 사망한 사건이 있었다. 가해 학생 4명에게서 1시간 20분에 걸친 폭행과 성적 수치심을 느끼게 하는 폭력을 당했다.

피해 학생은 그 상황에서 벗어나기 위해 몸부림친 결과 목숨까지 잃게 되었다. 무엇보다도 안타까웠던 것은 피해 학생이 가해 학생들과 한 문자 메시지 내용을 방송을 통해서 보게 되었는데 피해 학생은 괴롭힘과 폭행을 당하면서도 가해 학생들을 친구라고 생각했고 친구들의 폭력이 멈출 것이라는 믿음을 가지고 있었던 것 같았다는 사실이었다.

남학생들의 집단폭력 양상을 보면 힘의 서열이 있고 서열에 있어 우위에 있는 학생이 힘이 약한 학생을 괴롭힌다. 학교폭력 가해 학생들에게 왜 괴롭혔는지 물어보면 대답은 '장난이었어요.'라는 대답뿐이다. 그들에게 있어 친구한테 하는 괴롭힘은 특별한 이유 없는 장난이며 놀이로 생각하는 것 같다. 위 추락사 사건에서 가해 학생들은 상해치사 혐의로 구속되었고 약 6개월 후 재판부에서 각각 장기 7년, 단기 1년 6개월의 실형을 선고받았다.

나는 주로 초등학교와 여학교를 담당했다. 어느 날 담당하고 있던 여자중학교 학생부장 선생님께 연락이 왔다. 학폭위 참석 요청 전화였다. 여학생들 간 집단폭행 사안이었다. 학교도 각기 다르고 스마트폰 SNS를 통해 알음알음 알게 된 학생들이 서로 친해지면서 오해와 갈등이 생겨 결국 폭행 싸움으로까지 번지게 된 사건이었다. 학폭위에 참석해서 더욱 놀란 것은 전에 참석한 회의에서 피해 학생으로 보호조치 결정을 했던 학생이었는데 이번에는 가해자가 되어 처분 결정을 해야 하는 상황이라는 것이었다.

체구는 작고 얼굴이 이쁘장한 그 여학생은 외관상으로만 보면 남에게 해를 끼칠 것 같지 않았다. 피해 학생으로 처음 만났을 때 말수가 적었고 얌전했다. 피해 사실을 알고 안쓰러웠는데 거기다 가정에서도 충분한 보살핌을 받지 못하고 있었다. 부모님은 이혼하여 아버지와 함께 살고 있는데 아버지의 직장생활로 케어가 잘 안 되는 것 같아 걱정됐었다. 이렇게 피해자에서 가해자가 된 상황에 가정환경까지 녹록지 않다면 지속적인 관심이 필요하다.

학폭위에 참석한 아버지는 나름 딸을 챙기는 듯했으나 역부족이었는지 여학생은 점점 또래 비행 청소년들과 어울리다 결국 가해자가 되었다. 가해 학생으로 만났을 때는 반항기가 어려 있는 얼굴이었다. 예전과 다르게 변했다는 생각이 들어 씁쓸했다.

이번 학폭위로 무리에서는 가해자가 피해자가 될 수 있고 피해자가 가해자가 될 수 있는 상황이 발생한다는 것을 알게 되었다. 정신분석학자인 에리히 프롬이 인간의 본성에 대해 "인간은 늑대이기도 하고 양이기도 하다"고 한 글귀가 새삼 떠올랐다.

집단폭력 사건에서 집단의 성별 구성을 보면 남학생들 집단, 혼성 집단, 여학생들 집단으로 분류된다.

여학생들의 집단폭력은 보통 친하게 지내는 사이였다가 피해 학생이 잘못했다는 이유로 시작된다. 사실과 다른 말로 이간질을 하거나 자기 남자친구와 연락하고 친하게 지냈다거나 가해 학생의 욕을 하고 다닌 등의 사례가 그 원인이 되곤 한다.

가해 학생들은 사람들이 많이 다니지 않는 골목길이나 외진 곳 또는 공원으로 불러내 사과를 강요한다. 가해 학생들은 피해 학생이 이에 응하지 않으면 협박을 하고 신체폭행을 가하기 시작한다. 이때 관련된 남학생들이 가담하기도 하고 요즘은 동영상까지 촬영하여 인터넷에 버젓하게 올리는 대범한 행위까지 덤으로 한다.

집단폭행 처벌은 「형법」 제260조 단순폭행죄에 해당하지 않는다. 「형법」 제261조에 의한 특수폭행에 해당하여 '단체 또는 다중의 위력을 보이거나 위험한 물건을 휴대하여 폭행의 죄를 범한 때'로 5년 이하의 징역 또는 1천만 원 이하의 벌금을 물리게 된다. 또한, 2명 이상이 공동하여 형법상 폭행죄를 저지르면 공동폭행 혐의로 「폭력행위 등 처벌에 관한 법률」에 따라 폭행죄 처벌에서 2분의 1까지 가중처벌 될 수 있다. 모두 반의사불벌죄가 아니라 형사처벌의 대상이 될 수 있는 만큼 위중한 범죄이다.

집단폭력으로 경찰서에 입건되는 청소년들을 보면 가해자들이 모두 학생일 것으로 생각하기 쉽다. 하지만 학교에 다니지 않는 학교 밖 청소년도 섞여 있다. 처음부터 학교에 다니지 않은 것은 아니고 학교 부적응, 자퇴, 퇴학 등 사유로 학업을 중단한 경우이다.

물론 학교 밖 청소년이 모두 비행을 하고 범죄를 저지른다는 것은 아니다. 공교육 시스템이 맞지 않아 자발적으로 중단한 경우 자신에게 맞는 공부를 하고 진로를 정하며 자신의 삶을 개척한다.

요즘은 스마트폰으로 온라인상에서 언제 어디서나 소통할 수 있으니 학교에 다니지 않는 비행 청소년들이 범행에 가담하는 것이 이상할 게 없다. 마음만 맞으면 비록 인천, 부산 등 다른 지역에 살고 있더라도 즉흥적으로 만나는 것이 가능하다. 실제 학교폭력 사안에서도 피해 학생,

가해 학생이 다른 지역에 살고 있어 해당 학교에서 각각 처분 결정을 한다. 학교 밖 청소년은 학적이 없어 조치 결정을 내릴 수 없지만, 형사입건되면 소년법상 보호처분이나 형사처벌이 가능하다.

학교전담경찰관은 길거리에서 방황하는 학교 밖 청소년이 안정을 취하고 자리를 잡도록 도와주는 중간다리 역할을 한다. 비행소년이나 입건된 소년범 중학교 밖 청소년을 발견하게 되면 「학교 밖 청소년 지원에 관한 법률」에 따라 설치, 운영되고 있는 학교 밖 지원센터 '꿈드림'에 대상자의 동의를 받아 연계한다. 학교 밖 청소년의 개인 특성과 상황을 고려한 상담 지원, 교육 지원, 직업체험 및 취업, 자립 지원 등 프로그램을 통해 소외되지 않고 스스로 꿈을 펼칠 수 있도록 지원한다.

학교에 다니는 학생들은 공교육의 테두리 안에 있어 일정 부분 통제가 가능하고 지원 제도도 많이 있지만, 학교 밖 청소년들에 대한 보호 · 지원은 많이 알려지지 않고 관심을 크게 두지 않고 있는 게 현실이다. 학교 밖 청소년 보호와 지원을 통해 비행에 노출되는 상황을 줄여준다면 학교폭력 등 청소년 범죄도 자연히 줄어들 것으로 보인다.

'군중심리'란 많은 사람이 모였을 때 자제력을 잃고 쉽사리 흥분하거나 다른 사람의 언동에 따라 움직이는 일시적이고 특수한 심리 상태를 말한다(표준국어대사전). 청소년기는 또래 집단을 중요시하는 시기이므로 군중심리 영향이 크다. 군중 속의 아이들은 용감하다. 잘못된 판단에 동조되고 이성이 마비되어 행위에 거리낌이 없고 양심의 가책, 죄의식이 없어지게 된다.

폭력은 원시시대부터 인간들이 집단을 이루고 무리 속에서 살아남기 위해 투쟁의 형태로 나타났지만, 지금은 시대가 달라졌다. 폭력행위는 범죄이며 인권이 중시되는 시대에 더 이상 용납될 수 없다.

4장

피해 부모,
가해 부모의
대응 방법

01

아이가 학교폭력을 당했다면 이렇게 한다

학교폭력 피해 사례가 뉴스 등 언론에 큼지막하게 보도되고 피해 학생 부모의 국민청원으로 학교폭력 문제가 국민적 관심을 끌고 이슈가 되면서 학교에 다니는 자녀를 둔 부모님들은 자연스럽게 '혹시라도 내 아이가 피해자 또는 가해자가 되지 않을까?' 하며 걱정하는 게 사실이다. 하지만 실제로 자녀가 학교폭력 피해를 봤을 때 적절하게 대처할 수 있는 부모님들이 얼마나 될까?

부모님들은 자녀의 학교폭력 피해 사실을 학교 선생님을 통해서 또는 경찰서에서 연락을 받거나 아이가 이야기하는 등 여러 가지 경로로 알게 될 것이다. 학교전담경찰관으로 일하면서 당연히 접하게 되는 피해 사례는 부모님들과 마찬가지로 학교 선생님을 통해서, 또는 학교폭력 사건으로 입건되어 알게 된 경우, 117센터 신고접수 사안 등으로 알게 된다.

교육부의 「학교폭력 실태조사(2020년)」에서 '피해 장소'를 학교 안과 학교 밖으로 구분하고 학교 안과 밖 각각 장소도 세분화하여 조사하였다. '학교 안'의 세부 장소로 교실 안, 복도, 운동장, 화장실, 특별실, 기숙사, 급식실 · 매점 등에서 '교실 안'이 전체에서 32.5% 비율로 가장 많이 피해를 본 장소로 결과가 나왔다.

당연한 것이 아침부터 길게는 저녁까지 긴 시간을 함께 생활하는 장소가 '교실 안'이기 때문이다. '학교 밖'은 놀이터, 학교 주변 등이 있는데 요즘 문제시되는 추세와 일치하게 '사이버 공간(9.2%)'이 제일 높은 비중을 차지했다. 아무래도 교실 안에서 많은 사건이 발생하기 때문에 담임 선생님이 인지하여 부모님과 학교전담경찰관에게 연락하게 되는 경우가 많을 것이다.

부모님이 아이의 학교폭력 피해 사실을 알게 되면 놀라게 되고 화가나 흥분하게 된다. 하지만 자녀를 위해서라도 평정심을 유지하도록 해야 한다. 적절한 초기 대응을 해야 자녀가 힘든 과정을 이겨내고 건강하게 성장할 수 있다.

우선 피해 사실 확인에 앞서 심적으로 위축되어 있을 아이에게 "그동안 힘들었지, 이렇게 힘들다고 알려줘서 엄마는 정말 고마워."라며 부드럽게 대화를 시도한다. 그리고 아이의 피해 사실을 이야기하며 잘잘못을 따지기 전에 상처받은 마음에 공감해주고 "너의 잘못이 아니야."라며 정서적으로 지지하고 위로해주어야 한다. 그 후 아이의 피해 사실을 확인할 때 신체적, 정신적 피해를 파악하여 적절한 치료를 해주어야 한다.

- 신체적 피해는 폭행, 상해 등 외상이 나타나는 경우로 증거 자료의 확보를 위해 사진을 찍어두고 병원에 가서 의사에게 치료를 받도록 한다. 이미 시간이 지나 상처가 치유됐더라도 피해 부위가 어디인지 확인해두는 것이 필요하다.
- 정신적 피해는 겉보기에 불안하거나 우울해 보이지 않더라도 괜찮다고 하며 내면의 큰 상처를 내색하지 않는 경우가 있다. Wee클래스나 Wee센터에 연계된 기관, 전문 상담 기관에 자녀와 방문하여 상담받는 것이 좋다.

학교폭력 피해 사실을 파악해도 부모님들은 자녀가 학교에 돌아갔을 때 가해 학생을 마주치게 되어 힘들어하지 않을까 걱정될 것이다. 2021. 06. 23. 일부 개정된 「학교폭력예방법」 제16조 1항 단서조항에는 특별한 사정이 없으면 피해 학생과 가해 학생을 즉각 분리 조치하도록 의무화하였다. 그리고 피해 학생이 긴급보호를 요청하는 경우 학내외 전문가에 의한 심리 상담 및 조언(1호), 일시 보호(2호), 그 밖에 피해 학생의 보호를 위하여 필요한 조치(6호)를 할 수 있다.

그리고 학교장도 피해 학생을 가해 학생으로부터 긴급하게 보호할 필요가 있다고 판단되면 가해 학생에 대해 출석정지를 할 수 있다. 단 2명 이상이 고의적 · 지속해서 폭력을 행사한 경우, 전치 2주 이상의 상해를 입힌 경우, 신고, 진술, 자료제공 등에 대한 보복을 목적으로 폭력을 행사한 경우에 가능하다. 이렇게 피해 학생 보호를 위한 조치가 학교폭력예방법에 규정되어 있고 이를 알고 활용하면 좋을 것이다.

피해 학생 보호조치를 하고 가해 학생 출석정지를 했더라도 피해를 본 아이는 학교에 가기가 두려울 수 있다. 부모님은 아이가 등교를 거부하는 경우 억지로 학교에 가라고 하지 말고 아이의 이야기를 들어보고 원하는 대로 쉴 수 있게 해주자. 아직 마음이 안정되지 않아 그럴 수 있으므로 자녀의 마음을 이해해주어야 한다.

한편 등교를 하지 않게 되면 결석처리가 걱정될 것이다. 하지만 「학교폭력예방법」 제16조 4항에 피해 학생의 보호조치 등 보호가 필요한 학생에 대하여 학교의 장이 인정하는 경우 그 조치에 필요한 결석을 출석 일수에 산입할 수 있다는 규정이 있으므로 학교에 결석 일수를 출석 일수에 산입해 달라고 요청하면 문제가 되지 않는다.

내가 담당했던 초등학교에서 학생들이 방과 후 운동장에서 축구를 하고 있었다. 피해 학생이 공을 계속 가지고 있으려고 하는 것에 화가 난 가해 학생이 피해 학생을 향해 공을 찼는데 몸에 맞아서 멍이 들었다. 집에서 학생의 몸에 멍이 있는 것을 알고 놀란 부모님이 자녀를 추궁하던 끝에 공에 맞은 사실을 알고 학교폭력으로 피해신고를 했다. 가해 학생 부모님은 같이 운동하다가 티격태격한 부분을 폭력이라고 신고하여 억울해했고 피해 학생 부모님은 고의적인 폭행이라고 주장했다. 화해가 이루어지지 않아 결국 학폭위가 개최되었다. 그런데 당사자인 학생들은 그 사건 후에도 축구를 하며 잘 지내고 있었다. 부모님의 감정싸움으로 끝을 본 사안이었다.

학교폭력 사안이 발생한 경우 자녀가 초등·중등·고등학생 할 것 없이 피해자, 가해자가 된 부모님들에게는 예민한 문제다. 초등학교의 경우 특히 나이가 어리기 때문에 부모님들이 아이의 의견보다 부모님의 감정과 생각대로 사안 처리를 하고 싶어 한다. 자녀의 보호자이고 자녀가 어려서 지키고 보호하는 것은 당연하다. 하지만 아이들의 관계는 금방 회복되어 잘 지낼 수 있고 잘 지낸다면 개입을 자제해야 한다. 무조건 부모님의 생각대로 하기보다 아이에게 어떻게 했으면 좋겠냐고 의사를 물어 해결하는 것도 필요하다.

부모님들이 자녀가 피해를 봤을 때 하지 말아야 할 일로 가해 학생을 찾아가거나 만나게 되는 경우가 있다. 부모님들은 가해 학생에게 훈계하여 다시는 재발하는 일이 없도록 하려고 한 것이라고 하는데 아직 정식 절차를 밟지 않은 상태에서 접촉하는 일은 오해의 소지를 만들 여지가 있다. 오히려 가해 학생 부모 측에서 역으로 학교폭력으로 신고한다고 할 수 있다. 가해 학생에 대한 훈육은 부모님이 해야 할 부분이고 학폭위를 통해 잘못을 알고 반성하여 스스로 깨달아야 할 부분이다.

부모님들은 자녀가 학교폭력의 피해를 볼 것이라고는 상상도 못 할 것이다. 아이도 학교에 다니면서 처음 겪는 일이고 부모님 또한 자녀를 양육하면서 겪어보지 못한 일일 것이다. 부모님의 반응은 각자의 성격처럼 각양각색이다. 하지만 부모가 중심을 잡고 발생한 일을 차근차근 처리해나가야 아이도 부모님을 믿고 의지하며 서로 해결해나갈 수 있다.

문제의 본질에서 벗어나 자녀의 피해 사실을 계기로 금전적 이득을 취하려고 하거나 학교와 교사에 책임을 전가하려는 행동은 자녀에게 부정적인 영향을 미쳐 결국 자녀를 망치게 될 수 있음을 알아야 한다. 자녀를 지속해서 관찰하며 대화를 통해 정서적 공감대를 형성하고 응원해주면 아이들도 이른 시일 내 아픔을 극복하고 밝고 건강한 아이로 자랄 수 있을 것이다.

내 아이가 학교폭력 가해자라면?

"자녀분이 학교폭력 가해자가 되어 선생님 또는 경찰관에게 전화가 온다면 부모님께서는 우선 어떻게 하실 건가요?"라고 묻는다면 대부분 부모님은 당황해서 바로 대답을 못 할 것이다. 아마 깜짝 놀라서 "우리 아이가 가해자라고요?"라고 오히려 반문하게 될 것이다. 평상시 자녀의 학업적인 면에 치중했지 생활적인 면인 학교폭력에 대해서는 생각해보지 않았기 때문일 것이다. 또한 우리 아이는 당하면 당했지 가해를 할 아이라고는 생각지 못하는 것이 보통이다.

"우리 아이는 친구를 때릴 아이가 아니에요", "우리 아이 말로 그 아이가 먼저 시비를 걸었어요."라는 등 자녀의 가해 사실을 부인하고 피해 학생을 탓하는 부모님들이 의외로 많다. 하지만 이러한 언행은 발생한 학교폭력 사안 처리에 전혀 도움이 되지 않는다. 피해 학생과 부모의 마음을 전혀 헤아리려 하지 않는 태도이다.

「학교폭력 실태 조사(2020년)」 가해 이유 응답 결과를 보면 '장난이나 특별한 이유 없이'가 제일 많고 다음으로 '상대방이 먼저 괴롭혀서'가 두 번째로 많다. 상대방이 먼저 시비를 거는 등 괴롭혔다고 하더라도 폭력으로 대응하는 것은 이유가 될 수 없고 학교폭력 사안이라는 것을 알아야 한다.

장난도 마찬가지다. "애들 장난인데 싸우면서 크는 거 아니에요?"라고 하는 부모님들도 있는데 그것은 90년대 이전 부모 세대의 이야기다. 요즘은 장난으로 치부한다면 화해는커녕 일만 키우는 꼴이 될 수도 있다.

자녀가 가해자로 신고된 경우 부모님은 다음과 같은 사실을 파악해야 한다.

1. 자녀가 어떠한 행위를 하여 신고되었고 자녀에게 사실을 들어본다.
2. 목격한 친구들이 있다면 보호자의 동의하에 당시 상황을 구체적으로 물어본다.

3. 사이버폭력의 경우 단톡방 대화 내용, SNS 댓글 등 증거가 될 만한 내용이 있는지 살펴본다.

4. 자녀가 주동자인지 적극적으로 가담했는지 아니면 단순히 같이 있었다는 이유로 가해자로 지목된 것인지 위에서 파악한 사실을 토대로 대처해야 한다.

학폭위에서 사안 처리가 순조롭게 진행되는 경우를 보면 사안 발생 초기 학생과 부모의 대처 방법이 큰 역할을 하는 것 같다. 피해 학생 부모는 자녀의 피해 사실을 알게 되면 마음이 아프고 가해 학생에 대한 미움이 생기게 된다. 이런 피해 학생과 부모의 마음을 중화시켜주기 위해 가해 학생 측에서 우선해서 해야 할 행동은 진심으로 사과하는 것이다.

학교폭력 가해행위로 학교에서 연락이 온다면 우선 자녀에게 발생한 사실에 대해 구체적으로 물어보아야 한다. 걱정과 두려움으로 현 상황을 직시하지 못하여 시간을 끌게 되면 발빠르게 대처할 수 없다. 자녀의 가해 사실이 확인되면 잘못한 부분을 인정하고 자녀와 함께 피해 학생과 부모에게 사과해야 한다. 피해 학생과 부모의 이야기를 들어보면 똑같이 하는 이야기가 가해 학생에게 진정성 있는 사과를 원한다는 것이다. 초기에 진심 어린 사과를 한다면 화해가 이루어져 학교장 자체해결로 마무리될 수도 있다.

학교장 자체해결이란 피해 학생과 보호자가 심의위원회 개최를 원하지 않고 4가지 조건에 모두 해당하는 경미한 학교폭력의 경우 학교장이 학교폭력을 자체적으로 해결할 수 있는 제도이다. 요건으로는

1. 2주 이상 신체적 · 정신적 치료해야 하는 진단서를 발급받지 않은 경우
2. 재산상 피해가 없거나 즉각 복구된 경우
3. 학교폭력이 지속적이지 않은 경우
4. 학교폭력에 대한 신고, 진술, 자료제공 등에 대한 보복행위가 아닌 경우 4가지다.

경미한 사안의 경우 4가지 요건에 충족하면 사안 초기 충분히 진심 어린 사과로 화해가 이루어져 좋게 마무리되는 사례도 있다.

피해 학생의 부모와 연락하여 화해하면 더할 나위 없이 좋겠지만 연락처를 모르거나 연락이 안 되는 경우가 있을 것이다.

그런 경우 담임 선생님 또는 학교폭력 담당 선생님께 피해 학생의 부모님에게 사과하고 싶은데 연락처를 알려줄 수 있는지, 만나서 사과할 수 있는지 여쭤봐달라고 요청할 수 있다.

같은 학교 내에서 학교폭력 사안으로 신고되면 학교에서 초기 대응을 하게 된다. 피해 학생과 가해 학생을 분리하고 피해 학생을 보호하기 위해 가해 학생에게 취할 수 있는 조치로 '접촉·협박 및 보복행위 금지조치' 결정을 한다.

그런 경우 사과를 하기 위해 연락을 취했지만, 상대방 부모님이 거부한다면 어쩔 수 없다. 상대방 부모의 마음이고 연락하거나 만나기 불편한데 억지로 조를 수도 없는 부분이다. 가해 학생 측에서는 사과하려고 한 시도는 있었기 때문에 학폭위에서 참작될 수 있는 여지는 있다.

학교폭력으로 가해 학생으로 신고가 됐다고 해서 모두 나쁜 아이로 몰고 가는 것은 바람직하지 않다. 주로 또래 집단 성향이 강한 청소년기 학생들은 집단, 무리를 이루려는 속성으로 인해 억울하게 가해자로 몰린 예도 있다.

「학교폭력 실태 조사(2020년)」 가해 방법 결과를 보면 초·중·고 전체에서 집단(54.7%)이 단독(45.3%)보다 더 높게 나왔다. 그중 중학생이 집단 괴롭힘 비율(59.9%)이 제일 높다.

담당했던 여중학교 학폭위에 집단따돌림 사안 처리 결정으로 참여한 적이 있었다. 가해 학생 중 한 여학생이 억울함을 토로했다. 처음에는 피해 학생과 친하게 지냈다고 한다. 시간이 지나면서 피해 학생과 성격이 맞지 않아서 거리를 두었다. 그리고 가해 학생들 무리와 어울려 돌아다니게 되었다. 문제는 가해 학생들 무리가 피해 학생을 뒷담화하고 따돌리게 되는 바람에 자신까지도 가해자로 신고된 것이라고 한다. 자신은 잘못한 게 없는데 큰 잘못을 한 것처럼 느껴진다는 것이다. 결론적으로 학폭위 과정에서 혐의 없음으로 결론이 나왔다.

피해 학생들은 학교폭력을 주도한 무리와 친하게 지냈다는 이유로 주도한 학생들과 똑같이 자신을 괴롭혔다고 폭력에 가담하지 않은 아이들을 신고하기도 한다. 당하는 처지에서는 피해의식이 커지고 한때 친했던 친구가 가해 학생들 무리와 어울리는 것에 대해 배신감을 느꼈을 수도 있다. 그리고 피해 학생 부모님도 자녀가 일대 다수로 피해를 본 상황이라 더 속상한 마음이 들어 가해 학생들이 괘씸하여 괴롭힘 정도에 상관없이 모두 같이 처벌해달라고 하기도 한다.

자녀가 학교폭력으로 신고되어 가해자가 되면 피해 학생 부모님 못지않게 가해 학생 부모님도 힘들고 괴로워한다. 자녀가 나쁜 아이로 낙인찍히고 주변에서 수군대면서 쳐다보는 눈초리 등 하루가 1년 같은 힘든 기간을 보내는 부모도 있다. 또한, 그동안 자녀의 양육 방식에 대해 자신을 스스로 자책하고 앞으로 어떻게 교육할지 답답해하고 막막해할 것이다. 하지만 객관적이고 냉정하게 보면 학교폭력 사안을 계기로 자녀가 좀 더 성숙해지고 건강한 학교생활을 할 수 있게 되었다고 생각해야 한다.

피해 학생의 잘잘못을 따지고 무조건 자녀를 감싸고 두둔하기보다 자녀의 잘못한 행동이 있으면 인정하자. 그리고 자녀에게 본인의 행동으로 피해 학생이 얼마나 고통을 받았을지 역지사지로 깨닫게 해주어 재발하지 않도록 훈육해야 한다. 그러기 위해서는 평상시 자녀와 공감대를 형성하는 것이 중요하다. 그래야 부모·자녀 간 소통하게 되고 자녀도 마음을 열게 된다. 관심 있게 지켜보고 응원해주자. 설령 학교폭력이 발생한다 해도 슬기롭게 해결해나갈 수 있게 된다.

학교폭력대책심의위원회 절차와 대처 방법

2019년 8월 20일 학교폭력예방법이 일부 개정되었다. 경미한 학교폭력 사안은 학교 단위에서 해결할 수 있는 '학교장 자체해결제'가 신설되었고 기존 학교에 설치되어 있던 심의기구인 〈학교폭력대책자치위원회〉가 폐지되고 위원회가 교육지원청으로 이관되면서 명칭을 〈학교폭력대책심의위원회〉로 변경해 조사는 학교에서 하고 심의·의결은 교육지원청이 하는 이원화된 구조로 시행하고 있다. 학교전담경찰관으로 일했던 2016년도부터 2018년도까지 나는 〈학교폭력대책자치위원회〉 위원으로 참여했다.

변경된 후 학교폭력 사안 처리는 다음과 같은 절차에 따른다.

학교폭력 접수(신고 또는 인지) → 학교폭력 사안 조사(필요시 긴
급조치) → 전담기구의 심의(학교장 자체해결 사안 심의) → 학교
장 자체해결 요건 미충족 또는 부동의 → 학교폭력대책심의위원
회 조치 결정 → 학교장 통보 및 피해 · 가해 학생 서면 통보 → 조
치이행 또는 조치 불복(행정심판, 행정소송)

개정 전에는 학교폭력의 사안이 경미하더라도 학교 측에서는 학부모
와의 문제와 갈등의 소지를 줄이기 위해 대부분 사안 발생 시 학폭위를
개최했다. 그래서 심의 건수가 증가했고 교사의 업무 부담이 가중되었
다.

내가 담당했던 학교의 학교폭력 사안 담당 선생님과 이야기할 때마다
하시는 말씀이 학교 수업과 생활지도만으로도 바쁜데 학교폭력 사안 처
리까지 담당해서 힘들다고 하셨다. 이 때문인지 실제로 학교폭력 사안
처리 담당 선생님이 해마다 바뀌는 곳도 있다. 학교폭력이 관련 학생과
부모에게는 예민할 수밖에 없는 문제이기 때문에 교사에게는 감정 소모
가 큰 업무이기도 하다.

이 점이 반영되어 개정법에서는 피해 학생과 보호자가 심의위원회 개최를 원하지 않고 4가지 요건을 충족하는 경우 전담기구 심의로 학교장 자체해결이 가능하다고 명시하고 있다.

학교폭력예방법 제13조2 학교의 장의 자체해결 요건

1) 2주 이상의 신체적 · 정신적 치료를 필요로 하는 진단서를 발급받지 않은 경우
2) 재산상 피해가 없거나 즉각 복구된 경우
3) 학교폭력이 지속적이지 않은 경우
4) 학교폭력에 대한 신고, 진술, 자료제공 등에 대한 보복행위가 아닌 경우

위 4가지 요건이 모두 충족되어야 자체해결이 가능하며 하나라도 충족하지 못하면 심의위원회를 개최하여야 한다. 학교장 자체해결제가 도입되어 무조건적 처벌보다 관계 회복이 중점이 되었고, 학교의 업무 부담이 감소하여 긍정적인 효과를 낼 수 있게 되었다는 생각이 들었다.

〈심의위원회의〉는 10인 이상~50인 이하의 위원으로 구성되어 있다.

기존에 내가 참여할 당시는 전체 위원 과반수를 학부모 대표로 위촉해서 심의·의결하여 전문성이 부족하다는 의견이 제기되었다. 현재는 전체 위원의 3분의 1 이상을 부모로 구성하도록 하고 있다.

기존에 학폭위에 참석했을 때를 생각해보면 일정 부분 공감되는 부분이 있긴 하다. 위원들이 사실관계에 대해서 객관적으로 잘잘못을 따지고 시비를 따져야 하는데 부모님들의 경우 자녀의 일이라 여겨서 그런지 감정적으로 바라보아 논의가 원활하게 진행되지 못하는 경우가 종종 있었다. "배가 산으로 간다."라는 말처럼 사건의 본질을 벗어나는 질문을 던지시곤 해서 속으로 난감했던 경우가 있었다. 이런 경우 부모님에게 사실관계에 관해서만 이야기하자고 말씀드려 바로잡았던 적이 있었다.

사안을 감정적으로 보게 되면 객관적이지 못하고 편견에 치우칠 수도 있다. 또한, 한 분이 분위기를 주도하면 다른 분까지도 한마디씩 덧붙여 시간이 지연되어 처분결정도 못 하고 끝나 다음으로 연기가 되는 일도 있다.

나뿐만 아니고 다른 학교전담경찰관들도 비슷한 이야기를 많이 했다. 학부모의 심정도 이해가 가고 그만큼 열정이 있으셔서 그러신 부분은 이해하지만 원활한 사안 처리를 위해서는 자중해야 할 필요도 있는 것 같다는 생각이 들었다.

학교폭력의 가해자가 되면 부모님과 아이가 가장 염려하는 부분이 가해 학생에 대해 조치 결정이 어떻게 내려지는지, 자녀가 중·고등학생이라면 어떤 조치 결정이 생활기록부(생기부)에 기록되고 입시전형에서 문제가 될 수 있는지일 것이다.

심의위원회에서 가해 학생의 폭력이 인정되면 학교폭력예방법 제17조 제1항에 따라 서면사과(제1호), 접촉·협박·보복행위 금지(제2호), 학교에서의 봉사(제3호), 사회봉사(제4호), 특별교육 이수 또는 심리치료(제5호), 출석정지(제6호), 학급교체(제7호), 전학(제8호), 퇴학 처분(제9호) 중 어느 하나 또는 수 개의 조치를 병과해서 조치할 것을 교육장에게 요청해야 한다.

내가 참석했던 학폭위 사안은 주로 경미한 정도였지만, 한 가지 조치 결정만 한 적은 없었던 것 같다. 서면사과(제1호)는 기본으로 조치하고 접촉·협박·보복행위 금지(제2호) 또는 학교에서의 봉사(제3호)나 둘 다 조치하는 사례도 많다. 제2호부터 제4호까지 및 제6호부터 제8호까지의 조치를 하게 되면 가해 학생은 교육감이 정한 기관에서 특별교육을 이수하거나 심리치료의 특별교육 이수를 해야 한다. 또는 심리치료 처분을 하게 되면 보호자도 함께 교육을 받아야 하며 학교폭력예방법에 대한 교육도 함께 받아야 하므로 둘 이상의 조치를 이행해야 한다.

그리고 제5호의 학내외 전문가에 의한 특별 교육이수 또는 심리치료는 제17조에 명시되어 있다. 5호의 경우는 부모가 자녀에게 관심을 두고 양육을 할 필요성이 있을 때 결정하게 된다. 만약 부모가 특별교육 이수 처분을 거부하며 이행하지 않을 때는 300만 원 이하의 과태료를 부과받는다. 어떤 부모는 차라리 300만 원을 내면 그만이지 하는데 벌금을 내더라도 의무가 없어지는 것은 아니다. 부모와 자녀의 특별교육을 통해 자녀의 행동을 개선하고 자녀와 대화를 나눌 기회도 생겨 자녀를 이해할 수 있는 등 좋은 파급 효과도 있으니 긍정적으로 받아들이는 것이 좋다.

2020년 3월 학교폭력예방법 개정 전에는 1호부터 9호까지 모든 조치가 생활기록부에 기재되었으나 개정 후에는 1호부터 3호까지 경미한 처분은 1회에 한하여 생활기록부에 기재하지 않도록 했다. 다만, 다시 학교폭력 가해자가 되면 이전 기록까지 모두 기재된다. 생활기록부에 기재되면 고등학교나 대학교 진학에 불이익을 받을 수도 있다고 생각해서 시간을 끌기 위해 불복절차를 진행하는 일도 있다.

각 조치의 삭제 시기를 보면 서면사과(제1호), 접촉·협박·보복행위 금지(제2호), 교내봉사(제3호), 학급교체(제7호)는 졸업과 동시에 삭제된다. 사회봉사(제4호), 특별교육(제5호), 출석정지(제6호), 전학 조치(제8호)는 졸업 2년 후 삭제를 원칙으로 하고 다만 졸업 직전 심의위원회를 거쳐 졸업과 동시에 삭제할 수 있다. 퇴학 조치(제9호) 기록은 삭제되지 않는다.

담당했던 중학교 학생부장 선생님께 전화가 왔었다. 생활기록부 삭제 심의·의결을 하기 위한 참석 요청이었다. 사회봉사(제4호), 특별교육(제5호) 조치 결정을 받은 여학생의 학교폭력 기록 삭제 여부를 논의하는 자리였는데 다른 학교폭력 사안도 없었고 학교폭력 조치결정일로부터 졸업학년도 2월 말일까지 6개월이 경과가 된 경우라서 전원 찬성으로 기록 삭제 결정을 한 적이 있다. 학교폭력 사안 처리의 처음과 끝까지 과정을 다 겪어본 일이었다. 겪지 말아야 할 일이지만 가해 학생은 그 과정에서 잘못을 반성하고 그 기회를 통해 자신의 과오를 바로 잡을 시간을 가지게 되었을 것이다.

침착하게 사실 파악과 수습하기

자녀가 「초·중등교육법」상 학교에 소속되어 교육을 받는 학생으로 학교폭력예방법에서 규정하고 있는 학교폭력, 따돌림, 사이버 따돌림에 해당하게 되어 피해를 본 경우 학교폭력 피해자라고 볼 수 있다. 학생을 대상으로 폭력을 행사하거나 행위에 가담하였다면 가해자로 볼 수 있는데 가해자가 반드시 학생일 필요는 없다.

아이가 부모에게 학교폭력 피해를 말하거나 학교에서 연락이 온 경우 부모는 아이에게 피해 사실 확인을 할 것이다. 그다음으로 폭행, 상해,

성폭행 등 신체적 피해를 확인하게 되면 바로 병원에 가서 치료를 받고 심리상담을 받도록 한다. 상해의 경우 외부적 상처가 있어야만 하는 것이 아니라 육체적, 정신적 기능도 포함하기 때문에 피해 당시 극심한 충격을 받아 불안한 증상 등 정신과적 증상을 보인다면 상해로 볼 수도 있다. 이때도 병원에 가서 치료를 받아야 한다. 가능한 소견서나 진단서를 발급받고 치료 기간을 꼭 기록해달라고 해야 한다. 그렇게 해야만 치료로 인해 출석하지 못할 때 학교에서 출석 일수를 인정해주고 심의위원회 개최 시 피해 증거 자료로 쓰일 수 있기 때문이다.

심리상담이나 치료를 받게 되면 비용은 어떻게 부담하는 것일까?

부모는 가해 학생이 처벌받게 되더라도 자신의 아이가 정신적 피해로 인해 힘들어하고 있다면 그것 또한 힘든 문제인데 치료, 상담비, 위자료 등 어떻게 부담하는지 궁금해할 것이다. 「학교폭력예방법」 제16조 제6항은 "피해 학생이 전문 단체나 전문가로부터 상담 등을 받는 데 사용되는 비용은 가해 학생의 보호자가 부담하여야 한다. 다만, 피해 학생의 신속한 치료를 위하여 학교의 장 또는 피해 학생의 보호자가 원할 때는 「학교안전사고 예방 및 보상에 관한 법률」 제15조에 따라 설립된 학교안전공제회 또는 시·도교육청이 비용을 부담하고 이에 대한 구상권을 행사할 수 있다."라고 규정하고 있다.

가해 학생이 지급해야 할 손해배상금 중 일부를 학교안전공제회 또는 시·도교육청이 우선 부담하고 이후 가해 학생에게 구상하여 받는 방식이다. 단, 구상권 적용 가능한 학교안전공제회 또는 시·도교육청이 부담하는 피해 학생의 지원 범위는 교육감이 정한 전문 심리상담 기관에서 심리상담 및 조언을 받는 데 드는 비용, 교육감이 정한 기관에서 일시 보호를 받는 데 드는 비용, 의료기관·보건소 등 치료비다.

심리상담 및 조언, 일시 보호는 교육감이 정한 기관을 이용해야 하기에 교육청이나 학교에 문의하여 확인하고 이용해야만 적절한 보상을 받을 수 있음에 유의해야 한다. 정신적 피해에 대한 위자료, 보상이나 상담을 받기 위해 들어간 기타 비용은 학교안전공제회 또는 시·도교육청을 통해 보상받을 수 없어 민사상 손해배상을 청구해야 하는 부분이다.

가해 학생의 경우 학교폭력예방법 제17조 5호인 '학내외 전문가에 의한 특별교육 이수 또는 심리치료' 조치로 상담을 받게 되면 본인 부담이다. 학교에서는 교내에 Wee클래스가 있으면 상담교사에게 상담을 받게하고, 없다면 교육지원청에 있는 Wee센터에 연계하여 상담을 받게 하곤한다. 만약 피해, 가해 학생이나 부모가 다른 학생들에게 알려지는 것을 꺼린다면 외부에서 자비로 상담을 받게 하는 부모도 있다.

피해 학생의 부모가 학교폭력 사실을 파악하고 우선 아이의 신체적·정신적 상처를 치유하기 위한 진료와 상담 절차를 진행하였다면 부모는 아이와 충분한 대화를 통해 아이의 의견을 반영하여 가해 학생에 대한 조치(화해, 사과, 전학 등)를 어떻게 해야 할지 생각해두고 피해사실을 입증할 증거를 수집한다.

가해 학생으로 신고된 부모들도 자녀의 학교폭력 가해 사실에 대해 정확히 파악하고 수습해야 한다. 경미한 사안의 경우 학교장 자체해결로 마무리되기도 하지만 가해 학생에게 가해지는 처벌과 불이익은 그렇게 단순하지만은 않다.

우선 학교에서의 행정절차로 학교장은 전담기구 심의 전에 가해 학생 선도를 위한 긴급조치로 출석정지를 시킬 수 있다. 그리고 심의위원회가 개최되면 가해 학생에 대한 1호부터 9호까지 조치 결정에 따라 이행을 해야 한다. 그 후 조치 결정 사항은 생활기록부에 기재되어 불리한 조치의 경우 상위 학교나 대입 전형에서 불이익을 받을 수 있다.

위와 같이 학교에서 처리되는 절차는 부모들도 어느 정도 알고 있다고 본다. 그런데 어느 날 난데없이 경찰서에서 전화가 온다. 피해 학생 측의 형사고소로 자녀와 함께 출석하여 진술하라는 것이다. 부모와 아이는 눈앞이 깜깜해지고 도무지 어떻게 해야 할지 모를 것이다. 심의위원회 징계 조치로 끝날 줄 알았는데 이렇게 생각지도 못하게 형사고소를 당하는 경우가 있다.

자녀가 만 10세 이상 14세 미만이라면 형사미성년자로 처벌받지 않게 되지만 경찰서에 가서 조사를 받고 가정법원의 소년보호재판을 받을 것이다. 그리고 만 14세 이상 만 19세 미만이라면 형사 책임능력이 인정되어 형사처벌이 가능하다. 이런 경우 경찰서 조사에서 끝나지 않고 성인과 마찬가지로 경찰, 검찰, 법원의 절차를 거치게 되어 가해 학생과 부모는 상당히 오랜 기간 고통받을 수 있다. 따라서 적절하게 대응하는 방법을 알아두는 것이 필요하다고 본다.

피해 학생의 부모가 가해 학생의 강력한 처벌을 원하는 경우 심의위의 가해 학생 조치 결정과 별개로 형사고소를 할 수 있다. 피해 학생의 부모는 단순폭행도 충격인데 아이가 집단폭행의 피해를 봤다면 더 화가 나 어떻게든 중한 처벌을 주고 싶을 것이다. 심의위 조치 결정 중 제일 강도가 높은 처벌이 전학, 퇴학 조치다. 거기에 고소로 인해 재판까지 가게 되면 소년보호처분이나 형사처벌을 받을 수 있어 가해 학생들은 죗값을 받게 된다고 생각할 것이다.

집단폭행의 경우 「폭처법」의 공동폭행으로 송치될 수 있다. 말만 들어도 무서운 「폭처법」의 피의자가 내 아이가 된다면 어느 부모든 마찬가지로 괴롭고 고통스럽다. 이런 경우라도 부모는 마음을 다잡고 아이에게 구체적으로 피해를 준 행위를 물어봐 정확히 파악해야 한다. 그래야 증거 수집 등 적절한 대응을 할 수 있다.

고소로 인해 법적인 절차가 진행되더라도 가해 학생의 부모는 아이가 폭력 성향, 감정을 조절할 수 없는 분노조절장애 등 증상이 있으면 병원 진료나 상담을 통해 공격 행동이 재발이 되지 않도록 조치할 필요가 있다.

침착하게 발생한 사실에 대해 구체적으로 파악을 하자. 피해로 볼 수 있다면 피해 학생 보호조치 등 학교폭력 사안 처리 절차대로 진행하고 가해가 확실하다면 잘못을 인정하고 피해 학생에게 진심으로 사과하는 것이 우선이다. 그리고 가해 학생에 대한 조치도 절차대로 진행하면 될 것이다.

피해 부모와 가해 부모 모두 아이가 학교폭력의 피해자, 가해자가 되면 처음부터 평정심을 갖지 못하고 감정적으로 상황을 보게 될 수 있다. 하지만 이 사건으로 내 아이가 어떻게 피해자, 가해자가 되었는지, 아이의 생활 태도와 훈육 방식을 되돌아보자. 상황이 더는 재발하지 않고 어떻게 해야 아이가 학교생활을 할 수 있을지 생각해보고 대처해나간다면 바람직한 방향으로 해결될 것이다.

감정적 대응은 금물이다

초등학교 저학년인 1, 2학년은 학교에 들어간 지 얼마 안 된 시기이다. 아이가 처음 겪어보는 학교생활에 적응하고 있는 시기다. 물론 입학 전에 어린이집이나 유치원에서 다른 아이들과 지내면서 사회성을 기르기도 한다.

「학교폭력예방법」상 학교폭력의 대상이 되는 학생은 「초·중등교육법」상 학교에 소속되어 교육받는 학생들 대상이므로 어린이집, 유치원 다닐 때는 관심을 가질 문제가 아닐 것이다. 하지만 입학하고부터는 학생 신분이 되기에 학교폭력이 발생했을 때 「학교폭력예방법」의 적용을 받게 된다. 학교는 생활지도, 교육과정 등 정해진 시스템에 따라야 하는 부분이 있어 어린이집, 유치원에서의 생활과는 차이가 있다.

부모에게도 아이를 처음 학교에 보내는 시기이기에 적응 시간이 필요하다. '내 아이가 학교생활을 잘할 수 있을까?', '교육과정을 잘 따라갈까?', '친구들과 잘 지낼 수 있을까?' 같은 염려를 하게 마련이다. 아이들은 학교에 적응해가는 과정에서 각각의 성향과 차이점들이 나타나게 된다. '내 아이가 잘 지내나 보다…….' 하는 와중에 반갑지 않은 연락을 받을 수 있다. 그 어느 부모라도 예외가 없을 순 없다.

부모에게 자신의 아이가 피해자든, 가해자든 학교폭력 사안에 연루된다면 특히 저학년 자녀를 둔 부모는 대개 감정이 앞설 수밖에 없을 것이다. 하지만 감정적으로 대응하게 되면 예상외로 사안이 크게 확대될 수 있다. 또 그 과정에서 피해 · 가해 학생과 그 부모, 학교와 선생님에게 큰 상처가 될 수 있다. 그래서 부모들은 아이의 학교폭력 사안을 객관적으로 보고 적극적으로 대응할 필요가 있다.

학교폭력 사안이 발생했을 때 부모는 학교 담임 선생님으로부터 연락을 받게 된다. 그 후 모든 절차는 학교와 교육지원청에서 진행하게 된다. 그래서 처음에 부모들은 학교와 선생님에게 의지하게 될 수밖에 없다. 하지만 여기서 문제가 시작된다.

문제가 발생하면 피해 학생 부모는 당연히 아이가 피해를 보았기 때문에 학교에서 적극적으로 조치해주며 신경을 써주기를 바란다. 하지만 학교와 선생님은 사실을 객관적으로 파악하고 중립적인 입장에서 사안을 처리해야 한다. 처음으로 맞닥뜨리는 아이의 학교폭력 사건에 부모는 학교의 처사며 선생님의 말투에 촉각이 곤두선다. 맘에 들지 않으면 섭섭해한다. 더 나아가 민원을 넣는 부모들도 있다.

부모 중에는 상처받은 아이에 대한 보상으로 가해 학생에게 전학, 퇴학 등 중한 징계를 요구하기도 한다. 자신의 아이가 심한 스트레스를 받고 있어 같은 학교에 다닐 수 없다고 요구한다. 모든 부모가 자신의 아이가 피해를 보고 있으면 화가 나고 가해 학생을 혼내주고 싶은 마음이 굴뚝같을 것이다. 하지만 심의위원회에서 가해 학생 징계 조치는 감정에 따라 판단할 수 없다. 가해 학생 조치 결정에는 세부기준이 있다.

학교폭력예방법 시행령 및 가해 학생 조치별 적용 세부기준 고시에서 심의위원회는 가해 학생이 행사한 학교폭력의 심각성, 지속성, 고의성의 정도와 가해 학생의 반성 정도, 해당 조치로 인한 가해 학생의 선도 가능성, 가해 학생 및 보호자와 피해 학생 및 보호자 간의 화해 정도, 피해 학생이 장애 학생인지 아닌지 등을 고려하여 가해 학생별로 선도 가능성이 큰 조치를 할 것을 교육장에게 요청하게 되어 있다.

심의위원들이 각각의 판단 요소를 협의하여 조치 결정을 하게 되므로 학교폭력 가해자라는 이유로 중한 징계를 내릴 수는 없다.

이와는 반대로 아이가 학교폭력 피해를 보고 있다고 학교와 선생님께 이야기해도 나아지는 게 없어 부모가 학교에 보내지 않는 예도 있다. 심의위를 열고 싶지도 않고 전학이나 이사를 고려하며 회피하려고 한다. 하지만 이렇게 부모가 움츠러들거나 피하려는 것은 아이에게 전혀 도움이 되지 않는 방법이다. 만약 아이가 학교에 가고 싶어 하는 상황이라면 아이가 현재는 어떤 상황인지, 친구들이 괴롭힐 때 어떻게 대응을 하면 좋을지 등 부모로서 아이가 친구들을 어떻게 상대해야 하는지 알려줄 필요가 있다. 지켜봐도 상황이 나아지는 것이 없다면 심의위를 통해 사안 조사를 거치고 절차대로 진행하는 것이 피해복구에 나을 수 있다.

예전에 담당 학교 학교폭력 담당 선생님과 통화 중에 학교폭력 사안이 발생했는데 부모를 경찰서에 신고한 적이 있다고 했다. 가해 학생 부모와 담임 선생님 간에 초기 사안 처리 단계에서 문제가 생겼다.

자신의 아이를 가해 학생으로 몰고 단정해버린다며 선생님의 태도에 화가 났다고 한다. 방과 후 가해 학생 아버지가 교실에 찾아와 담임 선생님한테 소리소리 지르고 교장실까지 들어가서 똑바로 사안 조사 안 하면 두고 보자는 식으로 소란을 피워 난리가 났다고 한다. 아버지가 계속 진정이 되지 않아 관내 지구대에 신고까지 하고 경찰관이 출동했었다고 한다. 감정적으로 흥분하여 상황을 객관적으로 보지 못하고 앞서나간 행동이다.

부모와 선생님 간 갈등이 심한 경우 위의 사례에서 더 나아가 선생님에게 폭력을 행사하거나 물건을 부수는 등「교원의 지위 향상 및 교육 활동 보호를 위한 특별법」에 규정된 교권 침해행위까지 나간다면 형사고소를 당하거나 학교의 〈교권보호위원회〉로 회부될 수도 있는 만큼 주의를 해야 할 부분이다.

학교나 선생님이 사안 처리를 올바르게 잘하지 못한다면 이의신청을 하는 등 법적인 절차를 통한 불복 방법으로 문제를 해결해야 한다. 감정에 휩싸여 '내 아이 문제가 곧 내 자존심 문제야.'라고 생각하게 되면 본질이 흐려져 사안 해결의 중요한 부분을 놓칠 수 있게 된다.

처음 겪어보는 아이의 학교폭력 사건에 부모는 적잖이 당황해한다. 부모마다 대응하는 양상은 사람의 성격만큼이나 다르기도 하지만 학교폭력 사안이 발생했을 때 아이에게 무신경한 부모도 있다. 아이가 학교폭력으로 여러 번 가해 학생 조치 결정을 받아도 나아지지 않고 가출 등 비행에 노출되어 있어 부모의 통제가 불가능한 경우다. 처음 발생한 학교폭력 가해행위, 비행행위에 대해 부모의 훈육과 지도가 이루어지지 못하여 개선되지 못하고 방치되면 회복이 어렵게 된다.

학교폭력이나 소년범으로 입건되면 학교전담경찰관이 부모와 아이에게 연락한다. 경찰 단계 선도를 진행하고 별개로 수사관의 조사가 이루어지게 된다. 처음 가해행위를 한 아이나 초범의 경우 부모와 아이는 상담이나 조사에 적극적이다. 조금이라도 완화된 처분을 받게 하려고 잘못을 인정하고 반성하는 모습을 보이게 마련이다.

하지만 잦은 비행과 범행을 저지르는 아이의 부모는 '나 몰라'식의 모습을 보인다. "내 자식 아니니까 형사님들이 알아서 하세요.", "자식 같지도 않은 새끼 혼 좀 나 봐야 해요."라며 상담도 안 오겠다고 하고 조사에 보호자 동석으로 오지 않는 부모도 있다. 이렇게 자녀를 포기하는 것을 아이도 알고 있다. 부모마저도 포기해버린 아이는 계속 비행의 늪에서 헤어 나올 수 없게 된다.

소통은 아무리 강조해도 지나치지 않는다. 감정이 앞서게 되면 원활한 소통이 이루어지기 힘들다. 원활한 소통을 위해서는 부모부터 객관적인 입장을 견지해야 한다. 부모의 입장만 고수할 게 아니라 아이의 말도 반드시 들어보아야 한다.

만약 아이의 입장보다 부모의 견해를 고수한다면 아이도 부모에게 반감을 갖고 부정적인 영향을 받고 자라게 될 수 있다. 그리고 담임 선생님, 상대방 학생과 부모의 말도 들어봐야 좀 더 아이의 학교폭력 사안을 객관적으로 판단할 수 있고 분쟁의 소지를 줄일 수 있을 것이다.

06

피해 · 가해 아이의 이야기를 들어주자

인간관계에 갈등이 생겼을 때 즉, 부부 · 자녀 · 애인 · 친구 · 동료 간 갈등이 생겼을 때 해결하는 방법으로 '대화', '소통', '경청', '이해' 등 소위 말하는 커뮤니케이션에 필요한 단어들을 나열한다. 마찬가지로 아이들 사이 관계가 원만하지 못하고 갈등이 생겼을 때 문제를 해결하는 데 필요한 기술이나 방법은 '상대방의 말을 경청하고 이해하며 대화를 통해 해결하는 방법'일 것이다. 어른들이 어떤 문제 해결을 위해 쉽게 이야기하는 '경청하라', '소통하자'라는 말을 정작 자신의 아이와의 관계에서는 적용하기가 쉽지 않은 것 같다.

'경청'의 사전적 의미는 '귀를 기울여 듣는다'라는 뜻이다. 단순히 내용을 듣기만 하는 게 아니라 내포된 의미까지 헤아려 들을 수 있어야 한다는 말이다.

부모는 아이가 학교폭력의 피해자나 가해자가 되었을 때 흥분하고 화가 나서 "왜 맞고 다녀? 네가 잘못한 거 아니니?", "왜 때렸어?"라고 감정에 이끌리는 대로 함부로 말하지 말고 아이에게 따뜻한 말을 건네야 한다. 따돌림을 당한 아이에게 "그동안 많이 힘들었지? 이제 엄마가 도와줄 테니까 혼자 힘들어하지 마.", "엄마한테 먼저 이야기해줘서 고마워. 잘 해결해보자."라고 이야기하며 아이가 어려움을 극복하고 학교생활을 잘할 수 있도록 자신감을 키워주어야 한다.

어떤 부모는 자녀에게 자초지종을 묻지도 않고 무조건 피해 학생에게 사과하고 가서 빌라고 할 때도 있다. 감정이 격화된 부모는 화를 내고 심지어 매를 들어 체벌까지 하게 된다면 아이는 더 어긋나버려 부모, 자식 간 관계가 회복될 수 없는 지경에 이를 수도 있다.

한 지인에게 들었던 이야기다. 고등학교 1학년 아들을 둔 부부가 고민하며 심정을 토로하였다고 한다. 아들이 학교폭력 가해자가 되어 학폭위가 개최되었고 조치 결정으로 8호의 전학 처분을 받았다고 한다. 그 후

아들은 가출을 일삼고 일탈 행동을 하며 경찰서에서 연락이 와 조사까지 받고 왔다고 했다. 지인은 아들이 일탈 행동을 한 이유를 물어보았다고 했다.

아들의 학교폭력 가해 사실을 알게 된 부모는 아들에게 무조건 네가 잘못한 것이라고 했다. 학폭위 절차가 진행되는 동안 아들을 보호하기 위한 액션도 없이 위원회의 조치를 달게 받겠다고 한 것이었다. 아들은 억울했다. 부모가 자신의 이야기를 들어주고 전학 조치 결정까지 안 가게 했다면 이렇게까지 원망스럽지 않았을 것이라고 했다. 아들은 계속 그 학교에 다니고 싶었다고 한다. 전학 조치는 친구들과의 관계를 끊어 놓은 것이나 다름없었다. 전학하게 되면 그 학교에서 알게 되고 학생들 사이에서 SNS를 통해 알려지는 건 순식간이기 때문에 소문이 나서 적응하기 힘들고 다시 학교폭력의 피해자나 가해자가 될 수 있다.

전학 조치는 피해 학생과 분리하기 위해 취하는 조치이긴 하지만 가해 학생의 인생이 달라질 수 있기에 신중하게 결정을 내려야 한다.

이야기를 듣고 마음이 좋지 않았다. 가해 학생 부모는 아들이 잘못한 죗값을 받아야 한다고 생각하셨을 수도 있다. 하지만 아들의 말은 귀 기울여 들어보지도 않은 채 결론만 놓고 판단을 해버리니 부모에 대한 분노와 원망이 생긴 것 같았다. 일탈 행동으로 반항심을 표출하는 것은, 어찌 보면 그 나이대 아이의 관점에서 보면 이해하지 못할 바는 아니었다. 부모가 좀 더 아이를 이해하려고 했다면 더 나은 결과를 가져올 수 있었을 것이다.

학교폭력 사안이 경미한 것에 그쳐 학교장 자체해결로 끝나든 심의위원회 조치 결정으로 종결되든 학교폭력 사안에서 피해자와 가해자로 나누고 피해자에게는 보호조치를, 가해자에게는 징계를 주는 법률에 따른 절차로는 아이 마음의 상처가 근본적으로 치유되기 어려울 수 있다.

사안 발생 후 피해 학생에 대한 긴급조치로 가해 학생과의 분리조치나 접근금지 조치가 이루어지면 가해 학생은 대면하여 사과조차 할 기회가 없는 경우가 대부분이다. 그리고 이후에 이루어지는 상담 또한 피해 학생, 가해 학생 개별적으로 이루어진다. 피해 학생은 가슴 속에 풀리지 않는 응어리가 있어 답답하고 가해 학생은 잘못에 대한 후회와 반성은 둘째 치고 심의위에서 어떤 징계 조치를 받을지에 대한 두려움과 불안 속에 하루하루를 보낸다.

따라서 사건 발생 이후에도 아이들이 밝고 건강하게 학교생활을 잘해 나갈 수 있도록 하기 위해서는 관련 학생들의 관계회복이 필요하다.

학교폭력이 발생했을 때 학교장 자체해결 요건을 충족하여 종결하는 경우 「학교폭력예방법 시행령」 제14조의3에 따라 "학교폭력사건을 자체적으로 해결하는 경우 피해 학생과 가해 학생 간에 학교폭력이 다시 발생하지 않도록 노력해야 하며, 필요한 경우에는 피해 학생·가해 학생과 그 보호자 간의 관계회복을 위한 프로그램을 운영할 수 있다"고 규정하고 있다. 물론 학교는 사안 처리 전 과정에서 관계회복 프로그램을 운영할 수 있고 관련 학생과 보호자에게 프로그램에 대해 안내할 수 있다.

관계회복 프로그램에서 '관계회복'이란(2021년 학교폭력 사안 처리 가이드북) 학교폭력 사안 발생 이후 둘 이상의 관련 당사자들이 발생 상황에 대하여 이해, 소통, 대화 등을 통해 원래 상태 또는 서로 일상생활로 돌아가도록 최선의 상태를 찾기 위해 함께 노력하는 것이라고 한다. 피해 학생, 가해 학생 모두 동의할 때에만 프로그램을 진행할 수 있다.

부모와 학교 선생님들은 피해 학생을 무조건 보호를 하고 가해 학생에게 엄격한 잣대로 법률에 따른 처벌만 하기보다는 양측 학생들을 심리적으로 안정시키고 신속히 학교생활에 적응하도록 하고 친구 관계를 회복시키는 것을 무엇보다 중요시해야 한다고 생각한다. 프로그램에 참여한다고 해서 갑자기 관계가 좋아지지 않을 수 있지만 서로 진솔하게 이야기하며 소통할 수 있는 자리를 마련해주는 것만으로도 도움을 줄 수 있을 것이다.

경찰청에서도 교육청의 관계회복 프로그램과 유사한 취지로 운영되는 정책이 있다. 피해자·가해자 간 대화를 통해 관계 회복 등 실질적으로 피해를 복구하고 근본적으로 문제 해결을 도모하기 위해 추진하는 정책인 '회복적 경찰 활동'이다.

2019년 수도권 15개 경찰서를 대상으로 시범운영 후 2021년 전국 200개 경찰서로 확대하여 원활하게 운영하고 있다. 대상이 되는 사건은 피해 회복과 재발 방지를 위해 대화를 통해 갈등을 해결하고 관계를 개선할 수 있는 사건으로 학교폭력, 층간소음, 이웃 간 갈등, 폭행 등이다.

내가 인천청 여성청소년과에서 근무한 2019년에 1개 경찰서가 시범운영을 하였다. 경찰서 여성청소년과에서 학교전담경찰관은 학교폭력으로 입건된 사안을 대화 모임에 연계하였다. 회복적 경찰 활동 담당 경찰관에게 물어보니 예전에는 사안 처리를 단순히 가해자 처벌과 선도로 진행하는 선에서 마무리했다면 지금은 회복적 대화 모임을 연계한 학교폭력 사건의 경우 피해·가해 학생 간 오해와 갈등이 풀려서 양측 모두 만족도가 높고 가해 학생의 선도와 재발 방지에 효과가 있다고 했다.

회복적 사법은 기존의 응보, 처벌 위주의 사법체계에서 벗어나 피해자·가해자 상호 간 대화를 통한 화해, 피해 회복 등 근본적인 갈등을 해소하기 위한 것이다. 경찰이나 검찰, 법원 각각 화해, 조정 등 회복적 사법을 적용하고 있다. 아이들의 어긋난 관계를 바로잡기 위해서는 응보와 처벌만이 능사가 아니다. 서로 대화를 통해 이해하고 관계를 회복하여 건강하게 성장하도록 아이들을 도와주는 것은 어른들이 해야 할 몫이다.

07

아이에게 유리한 피해 증거를 확보하자

아이가 학교폭력 피해를 본 것이 명백하고 부모가 심의위원회 개최를 원하면 위원회를 열어야 한다. 심의위원회 개최 전 학교에서는 전담기구에서 사실관계 확인을 하고 증거를 수집하게 된다. 학교에서 피해·가해자 확인서나 목격자의 증언을 확인한다고 해도 한계가 있을 수 있기에 피해 부모는 가만히 있지 말고 가해 학생에 대한 적절한 처벌을 원한다면 적극적으로 각종 피해 사실을 입증할 유리한 증거를 확보해야 한다.

다음의 적절한 증거 수집 방법을 미리 알아두면 도움이 될 것이다.

첫째, 병원에 가서 치료를 받고 의사소견서 또는 진단서를 받아두자.

사안 발생 후 가해 학생의 부모님이 찾아와 사정에 사정을 거듭하며 한 번만 봐달라고 사과하는 때도 있다. 자식 키우는 처지에서 부모라면 누구라도 속상한 마음은 똑같을 것이다. 그래서 피해 학생 부모는 마음이 약해져 사건을 빨리 마무리 짓는 경우가 있다. 그런데 그 후에도 아이는 학교에 다니고 있다. 가해 학생을 볼 수 있고 그때의 기억이 떠올라 심리적인 증상이 당장은 아니더라도 나중에 나올 수가 있다.

학교폭력 피해 학생으로 만났던 중학교 1학년 종민이는 또래보다 키가 작고 체구가 작은 아이였다. 그래서 그런지 친구들이 종민이를 우습게 보고 목을 조르고 헤드락을 거는 등 위력을 과시하며 놀려댔다.

반복되는 괴롭힘에 스트레스를 받은 종민이는 담임 선생님에게 그 사실을 얘기했고 사실 확인 후 선생님은 종민이 엄마에게 연락하여 피해 사실을 알려주었다. 전담기구에서 사실을 조사하고 절차대로 진행하겠다고 했다. 그 후 종민이 엄마에게 가해 학생의 부모로부터 연락이 왔다. 사정을 얘기하면서 한 번만 봐달라고 하며 피해 아이에게 사과하겠다고 했다.

피해 학생 부모도 가해 학생에게 사과도 받았고 일이 더 커지는 것을 원치 않아 심의위원회까지 가지 않고 마무리 짓게 되었다. 그런데 시간이 지날수록 종민이는 학교에 가기 싫다고 하고 하는 것이었다. 안 되겠다 싶어 병원에 갔다. 의사의 진단은 종민이게게 폭력의 피해가 대인기피증으로 나온 것 같다고 하였다.

부모는 사안을 잘 넘기면 끝인 줄 알았는데 아이가 학교폭력 사건으로 인해 충격을 받아 정신과적 문제까지 생길지 몰랐다고 했다.

범죄 피해를 본 후 심리적 충격으로 인한 '트라우마'라는 말을 많이 들어봤을 것이다. '트라우마'는 공포나 두려움을 느낄 수 있는 충격적인 사건을 경험한 후 당시와 비슷한 상황이 나타났을 때 심리적 불안을 느끼는 정신ㆍ심리학적 용어이다.

학교폭력도 경중의 차이는 있겠지만 아이마다 느끼는 감정이 다르고 감정 처리 양상도 다르므로 트라우마가 생길 수 있어 조기 상담 및 치료가 중요하다. 사안이 잘 마무리되더라도 심리상담과 병원 진료가 필요한 이유이다. 한편 피해를 인정하고 사과하는 가해 학생 부모와는 달리 부인하는 부모에게 대응할 때도 진단서를 받아 증거 자료로 제출해야 부인하지 못하게 된다.

둘째, 사진을 찍고 화면을 캡처하여 증거를 남겨라.

아이가 폭행, 상해 등 신체에 상처를 입었다면 카메라로 사진을 찍는다. 요즘은 스마트폰의 카메라도 일반 카메라만큼 좋은 성능을 가지고 있으므로 화질에 큰 문제는 없을 것이다. 어느 아이가 피해를 보았는지 식별하기 위해 상반신이나 하반신 등 전체 사진을 찍고 상처 부위도 찍어둔다.

요즘은 초등학생도 스마트폰을 사용하고 수업시간 외에는 스마트폰 사용이 일상화, 생활화되어 있기 때문에 학교폭력이 가상공간인 인터넷, 스마트폰 속에서 이루어진다. 사이버폭력 비율이 증가 추세여서 사이버 학교폭력 사안에 관한 대처 방법도 필요하다. 무작정 아이의 스마트폰을 뒤져서 증거를 찾으려고 하면 아이의 반발에 부딪힐 수 있으니 아이에게 심의위원회에 자료로 제출할 증거라고 이야기하며 동의를 얻어 확인한다. 페이스북, 카카오톡 등 SNS에서 단톡방이나 대화창의 욕설 등 모욕적인 언어폭력, 명예훼손 등 내용이 있다면 전체 화면을 캡처하여 보관하는 것이 좋다.

사이버 명예훼손으로 형사 입건되는 학교폭력 사안도 보면 피해 학생 측에서 피해 화면을 캡처하여 증거를 제시하기 때문에 상대 부모님은 아무 소리 못 하고 수긍할 수밖에 없다. 반대로 사이버폭력으로 신고는 했는데 삭제하여 증거를 제출할 수 없는 예도 있었다.

부모는 아이가 사이버 따돌림을 당한 사실을 알고 화가 나서 고소하겠다고 경찰서에 자녀와 함께 찾아왔다. 카톡 단톡방에서 딸이 욕설과 비난 댓글로 따돌림을 당했는데 가해 학생들을 처벌하고 싶다는 거였다. 그런데 수사관이 막상 확인해보니 결정적으로 피해를 봤다고 판단할 만한 증거가 없다고 했다. 피해를 보고 나서 충격과 속상함으로 방을 탈퇴해서 대화 내용도 없다고 했다. 이런 경우 만약 디지털포렌식 방식으로 복구되면 좋은데 복구가 안 되는 예도 있어 피해 입증에 불리할 수 있다.

피해의 증거로 쓰일 수 있다면 절대 삭제하지 말고 캡처하자.

셋째, 목격자 등 증인을 확보해라.

사건이 발생했을 때 아이에게 당시 목격한 학생이 누구인지 물어보고 주변에 피해를 입증해줄 학생들이 있다면 보호자에게 양해를 구하고 진술서 작성을 부탁하자. 가해 학생이 자신의 행위를 인정하지 않거나 피해 학생과 진술이 다를 때도 목격한 친구들의 증언이 도움이 되기 때문이다. 만약 보호자가 동의해주지 않을 수 있다. 아이가 괜히 사건에 연루될 수도 있다고 생각해서 꺼리는 일도 있다. 그런 일이 생길 때는 학교폭력예방법 제14조 제5항에 따라 피해 사실 확인을 위해 전담기구에 실태조사를 요구할 수 있어 학교에 목격자의 조사를 요청할 수 있다.

넷째, CCTV는 정보관리 주체에 확인하여 확보 가능하다면 증거로 제출하라.

언론에 보도된 학교폭력 사건을 보면 CCTV의 폭행 장면이 범행의 결정적인 증거가 되고 범행 장면이 공개되면 국민의 더 큰 공분을 사기도 한다. 요즘 가해 학생들이 범행 장면을 스마트폰 카메라로 촬영하여 보란 듯이 SNS에 올려 덜미가 잡히곤 하는데 그만큼 영상이 파급 효과가 크다고 볼 수 있다. 피해 입증이 쉬우므로 영상 확보도 필요하다고 본다.

학교폭력예방법 제2조에서는 장애 학생도 학교폭력의 범위에 넣고 있다. '장애 학생'이란 신체적 · 정신적 · 지적 장애 등으로 「장애인 등에 대한 특수교육법」 제15조에서 규정하는 특수교육을 해야 하는 학생이라고 규정하고 있다. 장애 학생은 일반 학생보다 의사 표현이 어려우므로 피해를 봤더라도 말로 표현하기 힘들 수 있다.

아동 · 장애인 성폭력 수사관도 장애인 성폭력 피해자의 경우 진술 확보가 어렵다고 이야기한다. 피해를 본 날짜와 시간도 특정하지 못하기 때문에 수사 과정에서 애를 먹는 경우가 많다고 한다.

그래서 부모는 신체를 좀 더 세심하게 살펴봐야 한다. 그리고 학교폭력 피해 사실 확인을 위해 아이와 대화할 때 녹음하여 녹음파일을 위원회에 제출하는 것이 좋다.

학교폭력예방법에 「장애 학생에 대한 전담기구 사안 조사 및 심의위원회」 심의 시 특수교육 전문가의 참여를 요청하여 아이의 진술 기회를 확보하고 조력할 수 있다는 규정이 있어 이를 활용하고 더는 피해가 없도록 부모도 노력해야만 할 것이다.

08

혼내기보다 이해하고 공감해주자

「2020년 학교폭력 실태조사」에서 피해 미신고 이유를 보면 첫 번째로 많은 응답이 '별일 아니라고 생각해서', 그다음으로 '스스로 해결하려고'라고 한 답변이 많았다.

비율은 다른 응답보다 낮지만 '선생님이나 부모님의 야단/걱정 때문에'라고 답한 비중이 11%를 차지한다. 별일 아니라고 생각하거나 스스로 해결하려고 하는 것도 알고 보면 아이들은 부모한테 혼나거나 혹은 부모가 걱정할까 봐 '어른들의 눈치를 보는 것이 아닌가?' 하고 생각된다.

학교폭력으로 피해를 본 학생은 친구들의 괴롭힘으로 그 누구보다도 고통스럽고 힘들다. 그런데 피해 사실을 부모나 주변 사람들에게 선뜻 말하기는 쉽지 않을 것이다. 대부분 '이러다 말겠지.', '내가 해결해보고 안 되면 어른들한테 얘기해야지.', '엄마한테 말하면 엄청나게 걱정할 것 같은데.' 등 온갖 근심 걱정을 하게 된다.

학교전담경찰관 업무를 할 때 117학교폭력신고센터를 통해 접수된 사안으로 피해 학생과 통화한 적이 있었다. 그 학생은 엄마가 피해 사실을 알게 되면 혼나고 꾸지람을 듣게 될 것이라서 엄마에게도 알리지 말아 달라고 부탁하였다. 그래서 담임 선생님께 피해 학생들의 이야기를 하고 따로 그 학급에서 예방 교육을 했다.

만약 피해 사실을 들은 부모가 "사내자식이 얻어맞고 다녀!", "네가 어떻게 하고 다니길래 애들이 왕따를 시키니?", "네가 먼저 잘못한 게 있어서 걔가 그러는 거 아냐?"라는 등 아이를 비난하고 무시하는 말을 하게 된다면 또다시 마음의 상처를 받게 된다. 부모마저도 의지할 수 없는 상황으로 실망과 좌절을 하게 되어 마음의 문을 닫아버릴 것이다.

자녀의 가해 사실을 들은 부모도 마찬가지다. "내가 너 때문에 창피해서 얼굴을 못 들고 다니겠어.", "친구를 왜 때렸어!"라고 호통치고 자녀를 책망한다면 자신의 마음을 이해해주지 못하는 부모에게 반항심과 분노의 감정이 고조될 수 있다.

내 아이가 학교폭력으로 힘들어할 때 아이의 말을 적극적으로 들어주고 위안을 주어야 한다. 그렇지 않으면 아이의 피해로 인한 고통도 결국 부모가 짊어지게 된다.

아이들은 학교라는 작은 사회에서 생활하면서 관계성을 배우고 성장해간다. 그리고 청소년기의 특성상 또래 집단의 특성을 무시하기 힘들다. 또래 집단 내에서 또래 관계의 발달은 성장에 따른 시기마다 변화하기 때문에 부모는 성장기마다 자녀의 또래 관계가 변화되는 모습을 눈여겨보아야 한다.

다음은 여성가족부 부모교육 매뉴얼에 나온 또래 관계 발달 내용이다. 발달 단계는 영아기, 유아기, 학령기, 청소년기 4단계로 나뉘고 특징이 있다.

〈영아기〉

상호작용의 가장 초기 단계에 있는 영아는 장난감이나 다른 대상에 대한 호기심 때문에 서로에게 접촉하며 이후 점진적으로 상호 모방을 통한 상호작용을 한다.

〈유아기〉

가장 친한 친구를 알고 친구와 친구가 아닌 사람에 대한 행동의 차이를 보인다. 또한, 긍정적인 사회적 행동이 증가하고 언어 사용으로 인해 대화 기술이 향상된다. 이 시기부터 또래 집단의 위계 구조가 형성된다고 볼 수 있다.

〈학령기〉

학령기(초등학교)에는 또래 간 상호작용의 양이 증대하며 욕이나 위협 등 언어적 공격이 증가한다. 또한, 놀이 대신 규칙이 있는 게임, 운동 등을 통한 또래 간 상호작용이 늘어나며, 또래 괴롭힘과 가십이 시작되는 시기이다.

〈청소년기〉

청소년기가 되면 여학생이 남학생보다 또래 집단 형성에 더 큰 관심을 보이나 집단에의 소속감, 규칙에 따라 제약되는 경향은 남학생보다 상대적으로 적다. 친구 관계가 상당히 안정적이며 남녀학생 모두 동성의 친구 관계를 더 중시한다.

여학생은 신뢰와 비밀 지키기를 강조하며 남학생은 주로 공통 관심사 및 공통의 활동에 기초하여 친구 관계를 유지하는 시기이다.

부모도 어릴 때가 있었다. 어른도 위와 같은 변화 과정을 겪으면서 성장해서 어른이 되었다. 그래서 누구보다도 자녀를 더 잘 이해해주어야 한다고 생각한다. 어떤 부모는 "나는 친구들과 큰 문제 없이 잘 지냈는데 내 아이는 왜 그렇지?", "얘는 누구를 닮아서 이렇지?"라며 이해하고 공감하지 못하는 부모도 있을 것이다. 하지만 누구나 타고난 성격, 기질이 다르고 살아가는 방식이 다르듯이 내 아이에게 부모가 살아온 방식으로 살아가도록 강요할 수도 없다. 부모 자신도 생각해보면 자신도 부모와 같은 방식으로 살고 있지는 않을 것이다.

'이해'라는 단어는 단순히 사리를 분별하여 해석한다는 뜻 말고도 깨달아서 알게 되고 남의 사정을 잘 헤아려 너그러이 받아들인다는 의미도 있다. 마음속 깊이 진심으로 이해하지 못하면 공감하는 부모가 되기 어렵다. 평정심을 유지하며 원만하게 대화로 해결하기 어려워 순간적으로 화를 내고 분위기를 악화시켜버린다. 아이에 대한 바람이 커지니 아이가 잘못하면 실망하고 잘못된 점을 바로 잡으려고 부모라는 우월적인 지위를 앞세워 억누르고 개입하려고 한다.

다음은 공감하는 부모의 특징이다. 나는 몇 가지나 해당하는지 살펴보자.

1. 눈에 보이는 행동에만 초점을 맞추어 지적하지 말고 왜 그랬을지 생각해본다.

2. 아이의 말을 중간에 자르지 않고 끝까지 귀 기울여 들어준다.

3. 아이와 대화를 할 때 눈을 바라보며 이야기한다.

4. 아이의 감정이 긍정적이든 부정적이든 충분히 들어준다.

5. 강요나 명령이 아닌 부탁의 어조로 대화를 한다.

부모라고 하더라도 공감 능력이 벼락치기 공부하듯이 하루아침에 향상되는 것은 아니다. 관계회복에도 노력이 필요하듯 공감 능력이 부족하더라도 지속해서 연습하고 노력하면 아이와 점점 가까운 사이가 될 수 있다.

요즘은 맞벌이하는 부모가 많아서 자녀를 돌봐줄 시간이 부족하다고 한다. 그래서 방과 후에 자녀를 태권도장, 피아노 학원, 교습 학원 등에 보내서 부모가 부재한 시간에 조금이라도 더 배우게 한다. 그리고 집에 돌아와서 아이와 대화를 하면 좋은데 부모는 일하고 와서 피곤하니 아이와 함께 시간 보내는 것을 귀찮아하게 된다. 서로 TV만 보다가 취침을 하려고 각자의 방에 들어간다.

아이를 이해하고 공감하기 위한 전제는 아이와 시간을 함께 보내는 것이다. 많은 시간이 필요하지도 않다. 매일 5분 만이라도 시간을 보내자. 아이와 같이 있으며 대화할 때 기억해야 할 점이 있다.

첫째, 꾸지람, 잔소리 등 아이가 듣기 싫은 말은 참는다.

둘째, 아이의 학교·학원 생활 등 소소한 일상을 물어보고 공유한다.

셋째, 매일 "잘하고 있어."라고 따뜻한 격려의 말을 해준다.

부모와 자녀 간 좋은 관계를 형성하기 위해 특별한 방법이 필요한 것이 아니다. 아이에게 관심을 두고 이해하고자 하는 마음가짐부터 시작하면 된다. 아이는 부모에게 자신이 소중한 존재이고 사랑스러운 아이라고 느낄 때 비로소 부모와 공감대가 형성된다.

5장

학교폭력,
예방이
최선이다

아이에게 부모의 권위적인 모습 내려놓기

"아이의 부모를 보면 그 아이를 알 수 있다."라는 말을 많이 한다. 특히 아이들은 가장 가까이에서 부모와 말하고 듣기 때문에 부모의 습관, 성격, 가치관 등 많은 영향을 받을 수밖에 없다.

나만 하더라도 학창 시절 친구들과 대화를 하다 보면 "○○야, 너 엄마랑 말투하고 목소리 정말 똑같다."라는 소리를 자주 들었다. 그리고 나도 친구에게 똑같은 말을 했다. 그리고 꿈, 희망을 물어보면 부모의 직업을 따라서 "나도 커서 엄마, 아빠처럼 ○○가 될 거야."라고 말하곤 했다. 물론 반대의 성향으로 성장하는 아이도 있겠지만 자녀가 부모를 닮아가고 영향받는 부분들은 대부분 부모도 공감할 것이다.

미국의 아동발달 전문가 다이애나 바움린드는 '자애로움'과 '통제'라는 기준에 따른 '부모의 자녀 양육 방식 4가지'를 말한다.

첫 번째는 엄격하게 자녀를 통제하는 '독재적 양육 방식'이다. 권위주의적 양육 태도로 자녀의 순응과 복종을 요구하고 대화할 수 없으며 체벌을 가하는 경향이 있어 아이들은 위축되거나 반항적으로 행동하기 쉽다.

두 번째는 '허용적 양육 방식'이다. 자녀에 대한 통제가 낮고 애정이 많다. 아이의 충동적인 행동에 대해 제재와 통제, 체벌을 거의 하지 않는다. 자유만을 허용하게 되면 충동적인 행동이 조절되기 어려워 자기 통제가 어렵게 된다.

세 번째는 '무관심한 양육 방식'으로 성격 발달에 가장 나쁘다고 보는 방식이다. 자애로움과 통제 모두 낮은 유형으로 부모의 관심이 없는 경우 교육 면에서 방치되기 쉬워 아이는 삶의 목표와 동기가 없고 쉽게 좌절한다.

네 번째는 바움린드가 성격 발달에 가장 좋다고 보는 양육 방식인 '권위적 양육 방식'이다. 자녀에 대한 자애로움 정도가 높지만, 통제 또한 높다. 여기에서 통제는 아이의 바람직하지 않은 행동에 대한 통제다. 아이의 자율성을 인정하고 적절하게 통제를 하기에 자기 자존감과 신뢰감을 나타내는 경향이 높다.

우리는 '권위(authority)'라는 단어를 주로 부정적으로 인식한다. 그러나 '권위'의 뜻을 보면 '어느 개인·조직·제도·관념이 사회 속에서 일정한 역할을 담당하고 그 사회의 성원들에게 널리 인정되는 영향력'(철학사전, 2009)이라고 풀이한다. 전혀 부정적이지 않다.

바움린드가 가장 좋은 양육 방식으로 제시한 '권위적 양육 방식'도 엄격하게 순종과 복종을 요구하고 통제하는 독재적, 권위주의적 방식이 아닌 부모의 권위에서 비롯된 '권위 있는' 양육 방식이다. 권위주의적인 양육 방식으로는 자녀가 제대로 건강하게 성장하기 어렵다.

물론 아이가 어려 엄격한 부모에게 순종하고 아이 자신도 크게 불만이 없어 평온이 유지되면 몰라도 점점 성장해서 사춘기가 되면 그 가정의 평온이 깨질 수 있다.

우리나라의 부모 대다수가 권위주의적 방식으로 자녀를 양육하는 것 같다. 내가 태어난 세대 이전은 말할 것도 없고 80, 90년대 심지어 현재까지도 부모의 일방적인 양육 태도로 부모, 자식 간의 갈등이 해소되지 않고 힘들어하는 가정이 많다. 예로부터 유교 문화의 영향으로 부모와 자식 간 상하 관계, 종속적인 관계가 형성되었고, 위아래에 대한 관념도 깊게 뿌리내리고 있다. 구시대적인 사고방식이 오늘날 같은 현대사회에서도 사라지지 않고 있다.

권위주의적인 양육 태도는 자녀의 일탈, 비행, 학교폭력, 범죄 행위까지 이르게 할 만큼 부작용이 크다.

친구를 폭행한 사건으로 경찰서에 입건된 중학교 3학년 남학생을 선도한 적이 있었다. 소년범 조사 과정에서 재비행 위험성을 분석해주시는 범죄심리사 선생님이 학생과 면담을 끝낸 후 나는 선생님과 학생에 관해서 이야기를 나누게 되었다. 학생과 이야기를 나누다 보니 폭력의 원인이 가정에서 비롯된 것 같다고 말씀하셨다.

아버지는 아들의 행동거지가 눈에 차지 않아 하셨다. 성격도 다혈질인 데다가 혼낼 때 손찌검을 한다고 하셨다. 학생은 초등학교 다닐 때는 어리기도 하고 체구가 작다 보니 반항도 못 하고 맞았다고 했다.

초등학교를 졸업하고 중학교 올라가니 사춘기가 시작되어 분노 조절도 잘 안 됐다. 집안에서 갈등이 생기면 아버지에게 반항심이 들어서 대들고 싸우다가 집을 나가곤 했다는 것이다. 거리에 나가서 비행 소년과 어울리게 되고 다른 아이들한테 술, 담배도 배우고 해볼 건 다해봤다고 했다.

이 학생은 범죄심리사 선생님이 경찰 단계 선도인 전문가 참여제를 진행하면서 비행성 분석에서 끝나지 않았다. 인천청 여청과에서 진행한 멘

토링 프로그램을 3개월 정도 지속해서 실시하게 되었다. 선생님이 3개월 간 그 학생과 상담을 하면서 알게 된 것은 '이해와 공감'이라고 했다.

그 학생은 처음에 묻는 말에나 대답하고 자신의 이야기는 거의 하지 않았다고 했다. 어른이 자신한테 지속해서 안위에 관해서 물어보고 이야기를 들어주자 학생은 자신에게 신경 쓰고 관심을 보이는 모습을 알게 되자 마음을 열기 시작했다. 그러면서 아이는 변화해갔다. 비행 소년들과 어울리지 않으려고 하고 스스로 자립하려는 모습을 보였다고 한다.

부모가 자녀에게 할 수 있는 가장 쉬운 양육 방법은 결국 아이의 이야기를 들어주고 공감해주는 것이라는 것을 깨닫게 해준 사례였다.

부모는 자녀와 갈등이 생기면 자녀를 복종시키려고 한다. 부모의 기준으로 판단하고 마음에 들지 않으면 손찌검을 하거나 매를 든다. 억압과 협박은 일시적으로 말을 들을 수는 있지만, 자녀의 잘못된 행동이 근본적으로 개선되기는 어렵다. 오히려 관계만 악화할 뿐이다.

권위주의적인 부모가 자녀의 행동을 통제할 때 주로 하는 말은 이렇다. "절대 네가 원하는 대로 해줄 수 없어.", "내 말대로 해.", "그건 절대 안 돼." 등 아이의 행동을 절제시키고 통제한다.

부모의 의사만 고집하고 아이의 반응이나 불만에는 관심을 보이지 않는다. 그렇게 되면 나타날 수 있는 결과는 아이의 반항, 공격적, 자제력 결핍, 복수 욕구, 무책임 등 부정적인 아이로 성장하게 된다.

내가 권위주의적인 부모라면 어떻게 아이와 소통해야 할까? 『긍정의 훈육법』 저자인 제인 넬슨·린 로트는 자녀의 잘못을 고쳐주기 전에 자녀에게 다가가 자녀가 우리 부모가 나와 같은 편에 서 있음을 알게끔 하는 방법을 소개하고 있다.

'10대 자녀에게 다가가는 7가지 방법'을 살펴보자.

1. 자녀의 처지가 되어 공감하라.
2. 호기심을 갖고 들어라.
3. 누가 뭐라 하든 걱정하지 말고 자녀에게 가장 좋은 것을 하라.
4. 창피를 주지 말고 격려하라.
5. 사랑이 전해지도록 명확하게 표현하라.
6. 문제 해결 과정에 참여시켜라.
7. 존중하며 협의하라.

부모 스스로 위 방법 중에서 내가 자녀에게 다가가고 있는 행동을 몇 가지나 하고 있는지 살펴보자. 지금까지 권위주의적으로 대했던 부모가 하루아침에 바뀌기는 쉽지 않을 것이다. 하지만 부모가 변화된 모습을 보인다면 아이들도 부모의 그러한 모습을 보고 달라진 모습을 보이게 될 것이다.

시험 치는 스킬보다 인성교육부터 하자

〈행복은 성적순이 아니잖아요〉는 내가 초등학교 다닐 때 상영됐던 영화의 제목이다. 결말로 보면 고등학교 여학생이 학업 스트레스로 인해 아파트 옥상에서 투신자살로 생을 마감하며 끝나는 새드엔딩 영화다. 성적에 대한 부모의 기대로 공부의 중압감을 이기지 못하고 꽃다운 나이에 죽음을 선택했다. 상영된 지 30년도 넘은 영화지만 현재도 이 영화처럼 학생들이 학업 스트레스로 자살하는 경우가 실제로 꽤 있다.

한국청소년정책연구원에서 2020년에 초등학교 4학년부터 고등학교 3

학년까지 아동·청소년 8,623명을 대상으로 「아동·청소년 인권실태조사」 결과를 발표했다. 정신 건강 측면에서 지난 1년간 죽고 싶다는 생각을 해본 중·고등학생은 27%였는데 죽고 싶은 이유로 학업 부담과 성적 등 학업 문제 때문이라는 대답이 39.8%로 가장 높았고 미래(진로)에 대한 불안과 가족 간 갈등 순이었다. 또한, 불행하다고 느낀 학생 중 행복하지 않은 이유로 가장 높은 부분이 학업 문제였다.

설문 조사 결과에서도 보여지듯이 학창 시절에 학생들에게 학업적인 면에서의 스트레스는 어찌 보면 해소되기 힘든 문제 같다. 공부를 좋아하는 아이들, 즉 누가 시키지 않아도 공부가 좋아서 스스로 하는 아이들은 학급에서도 극히 일부이기 때문이다. 특히 우리나라의 사회 구조, 교육·입시제도하에서는 흥미를 갖고 공부하기 힘들다. 나도 그렇고 지금 부모들도 성적표에서 결코 자유롭지 못했을 것이다.

우리나라 부모들에게 성공한 자녀의 기준은 무엇일까? 아마 대부분 부모는 중·고등학교 때 공부 잘해서 좋은 대학교에 들어가고 대기업, 공기업 등 좋은 회사에 취직한 자녀를 성공한 자녀라고 생각할 것이다. 공부 잘하는 자녀를 둔 부모는 보통의 평범한 부모의 부러움의 대상이고 부모 또한 자녀 덕분에 기가 살고 덩달아 자부심이 올라가게 된다. 자녀가 좋은 대학에 들어가면 좋은 직장에 취직할 확률이 높으니 성공 또한 보장된다고 생각한다. 하지만 공부를 잘해서 좋은 대학에 들어가야만 잘

사는 것이고 행복하고 성공한 인생일까?

자녀가 좋은 대학에 들어갔어도 요즘 좋은 직장에 취업하기가 하늘의 별 따기만큼 어렵다. 2020년에 통계청에서 우리나라 청년 실업률은 전체 실업자 중 20대 후반이 차지하는 비중이 경제협력개발기구(OECD) 국가 중 최고 수준이라고 했다. 너도 나도 대학 졸업장을 들고 있지만, 일반적인 기업에도 입사하기 힘든 상황이다. 대학을 졸업해도 졸업이 끝이 아니다.

나의 부모님의 직업은 교사였다. 교직에 나가서는 남의 자녀들에게 이래라저래라 하고 가르치실 텐데 오빠와 나한테는 자식임에도 불구하고 성적이 잘 나오든 안 나오든 학창 시절 내내 공부하라는 소리를 하지 않으셨다. 잔소리한다고 해서 공부를 하는 것이 아니라는 것을 경험상 알고 계셔서 그랬는지 모르겠지만 말이다. 초등학교 때는 남들 다 하는 가정학습지 'OOO 수학'은 했었지만, 그것도 잠깐 하다 끊었다. 주변 친구들은 중학교 들어가기도 전에 'O선생 영어' 등 학습지로 알파벳도 다 익히고 들어갔는데 나는 apple(사과)의 철자도 모르고 중학교에 들어갔다. 알고 보니 남들은 선행 학습을 하고 들어왔더랬다. 그래도 잘 따라갔던 것 같긴 하다. 그 당시에는 부모님이 자식 교육에 관해 관심이 없고 신경을 안 쓰셨다고 생각했는데 성인이 되고 나서 생각해보니 그때는 부모님이 맞벌이하시느라 신경을 크게 못 써주신 것 같았다.

대학교 졸업하고 취업 선택을 하는 데도 부모님은 이거 해라, 저거 해라며 간섭하지 않으셨다. 내 선택을 존중해주셨고 결과물이 나올 때까지 인내하시며 지켜봐주셨다. 자녀의 자율성을 믿고 격려해주신 부모님께 감사한 마음이다.

취학 연령기 자녀를 둔 부모는 자녀의 학업에 관심이 가게 마련이다. 남들과 학습적인 면에서 차이가 나고 수업 진도를 따라가지 못할까 불안하고 걱정스럽다. 그래서 초등학교 입학하기도 전부터 영어, 수학 등 기초 학습을 시킨다. 하지만 공부를 일찍 시작했다고 좋은 대학에 들어가는 것은 아니다.

부모가 자녀에게 공부하라고 하는 것은 어찌 보면 당연하다. 한편 바람직한 부분도 있다. 그래야 자녀가 학습에 동기 부여를 받아서 스스로 공부할 수 있게 되기 때문이다. 하지만 부모 욕심으로 부모가 원하는 직업을 갖게 하려고 아이가 하기 싫은 공부를 하게 되면 동기 부여도 되지 않을 뿐더러 자녀를 위한 '공부하라'라는 소리가 잔소리로 들리고 스트레스를 받게 된다. 말 안 듣는 청개구리처럼 더 공부를 안 할 수 있다. 심지어 반항심으로 일탈을 일삼는 아이도 있다.

자녀가 학교에 다니는 동안 부모와 제일 많이 다투게 되는 원인도 아마 학업 문제 때문일 것이다. 학교 수업 마치고 학원에 가거나 과외를 한다. 한창 왕성한 체력에다 신체활동을 해야 하는 시기에 좁은 공간 안에서 하기 싫은 공부를 한다는 건 아이들에게 고역일 것이다.

내가 상담했던 비행 청소년과 소년범 중에도 아이는 공부에 흥미가 없는데 부모는 '공부해라', '공부해라' 잔소리를 하니 집에 들어가기 싫어지고 바깥으로만 나돌게 되어 비행에 노출되고 범행까지 저지르게 되는 아이들이 꽤 있었다.

'인생'이라는 장기적인 큰 틀에서 보면 시험 잘 치는 기술, 공부법보다 더 중요한 것이 있다. 바로 '인성교육'이다. 인성이 좋지 못하면 학교에서 아무리 똑똑하고 공부를 잘해도 친구들한테 따돌림을 당한다. 성인이 되어 좋은 직장에 다니더라도 동료들한테 따돌림당하고 소외될 수 있다. 그렇게 되면 그 사람의 인생이 과연 행복할까?

우리나라는 2015년 세계 최초로 인성교육을 의무로 규정한 「인성교육진흥법」을 제정했다. 빠른 경제 성장을 이루고 물질적으로 풍요로워졌지만, 물질주의적 가치관이 팽배해졌다. 윤리·도덕적 가치관은 경제적 성장만큼 따라가지 못하고 무너지게 되었다. 학교 교육도 마찬가지로 대입에 치중한 획일적인 정책으로 아이들의 성적 향상에만 몰두하고 인성교육을 등한시하여 학교 안팎으로 다양한 청소년 문제들이 발생했다. 이에

국가에서 미래를 이끌 청소년을 건강한 시민으로 성장하게 하려고 법으로까지 제정하여 인성교육을 실시해오고 있다.

생각해보면 인성교육을 법으로까지 제정했다는 것은 그만큼 우리나라의 현실이 슬프다는 것을 반증하는 것이다. 우리나라는 예로부터 가정과 국가에서 성품, 덕, 예절, 효 등 윤리적인 덕목을 중시하는 공동체 사회였는데 현대사회로 오면서 많은 부분이 변했다. 어느 나라나 현대의 사회 변화에 따라 살아가야 하는 것은 맞다. 하지만 아이들의 교육은 가정의 부모로부터 출발해야 한다고 생각한다.

발달장애 미숙아를 천재로 키운 『칼 비테 교육법』(1818)의 저자 칼 비테도 지식교육보다 인성교육을 중시했다고 한다. 아이의 인격을 키워주는 전문적인 기관은 없다고 했다. 그 말은 부모가 전적으로 아이 인성교육의 책무를 다해야 한다는 것이다. 아이는 부모의 인성을 보고 배운다. 부모가 바람직한 인성을 함양하고 좋은 모습을 보여야 아이도 좋은 인성을 갖고 올바르게 성장할 수 있다.

부모는 아이가 공부 잘하는 범죄자가 되기를 바라지 않는다. 인성도 좋고 공부도 잘하는 아이로 성장하길 원한다. 우리는 소위 엘리트라고 말하는 사람들의 정치, 사회적 행보를 보게 된다. 공부를 잘한다고 인성이 좋은 것이 아니다. 오히려 온갖 범법 행위도 서슴지 않는다. 과연 그들이 그렇게 사는 것이 부러운지, 자신의 자녀가 그렇게 살기를 원하는지 부모들에게 묻고 싶다. 부모는 아이의 성적에 일희일비하지 말고 아이의 성장 가능성, 장기적인 미래에 초점을 두고 양육해야 한다. 좋은 인성을 갖춘 아이가 행복한 인생을 살고 성공하게 된다.

서로 다름을 인정하고 이해하도록 가르치자

살아가면서 남들과 갈등과 분쟁이 일어나는 이유가 무엇일까? 멀리 가지 않더라도 부모, 형제자매, 친구, 부부, 동료 등 가까이에 있는 사람들 간 다툼이 발생한다. '이해해라, 이해해라' 하지만 이해하는 게 보통 어려운 게 아니다. 이해하기 위해서는 한 가지 전제가 깔려 있어야 한다. 바로 '차이', '다름'을 인정하는 것이다.

사람은 각각 다른 성격과 특징을 가지고 있다. 신체만 보더라도 성별, 생김새, 피부색, 눈과 머리 색깔, 표정 등 각기 다르다. 지문 또한 제각각 다르기에 개인을 식별하고 범죄 수사 등에 사용된다. 신체적 특징만 다르지 않다. 생각과 관심, 취향에서도 차이가 있다. 사람마다 생각하는 방식, 즉 사고방식이 다르고 IQ, EQ도 다르다. 누구는 수학을 잘하고 논리적 사고를 잘하지만, 누구는 음악, 미술 등 감각적인 일에 재능과 소질이 있다.

이렇게 사람마다 각기 다른 특성과 개성을 지니고 있고 '개성을 존중하자'라는 말을 하지만 실상 남들과 생각과 외모가 다르면 사람들의 주목을 받게 된다.

여성가족부 통계에 따르면 우리나라 다문화가족의 자녀 규모는 증가 추세이고 미취학 자녀에 비교해 학령기 자녀 비율이 크게 높아졌다.

하지만 그에 비해 우리 사회의 다문화 수용성이 최근 낮아지고 있는데 코로나19로 다문화가족에 대한 차별과 소외가 더욱 심화된 것으로 나타났다.

내가 어렸을 때는 외국인을 보기 힘들었다. 다문화가족도 마찬가지였다. 하지만 나라 간 경제 교류가 활발해지면서 외국인이 많이 들어오고 국제결혼으로 다문화가족이 증가했다. 요즘은 외국인과 다문화가족을 만나는 게 어려운 일이 아니다. 내가 근무했던 관내에 이슬람 사원이 있었다. 그래서 그런지 담당하는 몇몇 초등학교에 다문화가족 학생들이 다니고 있었다. 외모만 다를 뿐 여느 초등학생과 차이는 없었지만 다른 외모로 눈길이 가는 건 사실이었다. 어른들도 시선이 가는데 아이들은 말할 것도 없을 것이다.

다문화 학생이 증가함에 따라 학교폭력에 연루되는 일도 증가했다. 상담센터 선생님께 듣게 된 사례가 있었다. 아버지가 한국인이고 어머니가 러시아인인 다문화가족의 학생이었다. 아이는 외모가 눈에 띄고 준수하다 보니 중학교 선배와 그 친구들이 자주 불러냈다고 한다. 밖에서 술, 담배를 배우고 형들이 절도 등 나쁜 짓도 시켜 경찰서도 간 적도 있다고 했다. 간혹 형들한테 폭행도 당했다. 그런데 이 학생을 변화시킨 건 '관심'이었다. 상담을 받으면서 마음도 치유되고 자립하려는 의지도 생겨 도움도 요청하는 등 변화가 생겼다고 했다.

한국청소년정책연구원 연구 결과에서 다문화 청소년들의 심리 · 사회 적응에 영향을 미치는 요인으로 '집단 괴롭힘 피해 경험 여부'가 중요한 요인으로 나타났다고 발표했다. 집단 괴롭힘 피해 경험이 있는 다문화 청소년은 무경험자와 비교해 삶의 만족도, 신체 만족도, 우울, 사회적 위축 모두에서 취약한 것으로 나타났고 학교 밖에서 도움을 요청할 수 있다고 응답한 비율이 매우 낮았다. 여가부, 교육부에서 다문화가족 관련 정책을 시행하고는 있지만 아직은 갈 길이 멀어 보였다.

앞의 사례에서도 나쁜 길로 빠지기 전에 부모가 적극적으로 개입을 하여 대처하였다면 좀 더 빠르게 개선되지 않았을까 생각해본다. 부모나 도움을 요청할 수 있는 어른이 단 한 명이라도 있으면 아이에게는 큰 힘이 된다.

아이들에게 차이와 다름에 대한 인식을 심어줘야 하는 것으로 '장애'가 있다. 차이를 나쁘게 생각하고 다른 특징을 가진 사람을 공정하지 않게 대우하는 것을 '차별'이라고 한다.

장애로 사회에서 차별을 받기 때문에 법률적으로 장애인들의 권리를 구제하기 위해 「장애인차별금지 및 권리구제 등에 관한 법률(약칭:장애인차별금지법)」이 2007년에 제정되었다. 그리고 학교폭력예방법에도 장애 학생 보호 규정이 있다. 장애인에 대해 인식을 개선하고 차별을 금지하려는 정책들이 있지만, 당사자 스스로 권리를 누리고 보호받고 있음을 체감할지는 모르겠다.

지난 6월, 언론에서 지적 장애가 있는 친구를 모텔에 감금하고 폭행한 10대들에 대해 구속영장을 신청하고 수사 중인 사건이 언론에 보도되었다. 딸(16세)이 귀가한다고 통화한 후 연락이 되지 않은 어머니가 딸의 휴대전화에 설치된 위치추적 앱을 이용해서 어느 모텔 객실 화장실에서 알몸으로 오물을 뒤집어쓴 채 쓰러져 있는 딸을 발견하고 신고했다.

가해자는 학교 밖 청소년으로 이전에도 범행 전력이 있는 질이 나쁜 청소년들이었다. 자신을 험담하고 다녔다는 이유로 모텔에 감금해서 옷을 벗기고 폭행하고 동영상까지 촬영한 가해 학생들이 성인이 돼서 어떻게 살아갈지 답답했다. 피해 학생은 지적 장애 3급 학생이다. 사회적 약자로 보호를 받아야 할 장애 학생에게 가해진 악랄한 폭력행위로 가해 청소년들은 더욱 비난을 받았다. 장애 학생들도 더는 폭력으로부터 안전하지 않다는 생각이 들었다.

학교전담경찰관 업무를 할 당시 여자고등학교의 학폭위에 참석한 적이 있었다. 경계성 지능을 가진 학생이었는데 학교폭력 피해자로 보호처분 결정을 하기 위해 참석했다. 가해 학생은 동네 언니들과 언니들의 선후배들과 어울려 놀곤 했다. 피해 학생이 무리 중의 한 명의 험담을 했는데 그 학생의 귀에 들어가게 됐다. 화가 나서 동네 어디로 나오라고 해서 얘기한 장소로 나갔다. 거기서 언니가 "야, 너 왜 애들한테 내 욕 하고 다녀?", "한 번만 더 욕하고 다니면 알아서 해."라며 머리를 툭툭 치고 팔로 배도 때렸다. 그리고 집에 돌아온 학생이 엄마한테 말해서 학폭위가 개최된 것이었다.

그런데 한 번이 아니고 이번이 두 번째라는 것이다. 엄마의 연세는 학생 나이대 엄마들보다 열 살 이상은 많으셨다. 늦둥이를 낳았는데 지능이 또래보다 낮아서 걱정이 이만저만 아니셨다. 그런데 밖에서 일까지 하니 아이를 제대로 돌보지 못하신다고 했다. 아이에게 동네 언니들하고 어울리지 말라고 해도 말은 '알았다'라고 하고 또 어울려 논다고 하셨다. 부모도 케어가 안 되는 상황이라서 더 안타까웠다.

'경계성 지능'은 장애라고 알고 있는데 장애가 아니라고 한다. 보통 IQ 테스트에서 70~85 정도 점수에 해당하는 경우다. 경계성 지능이나 경증의 지적 장애의 경우 학교폭력을 당하기 쉽다. 학습 능력이나 이해가 부족하기도 하고 대체로 눈치가 없어 친구들과의 관계에서 말하고 행동하는 면을 싫어하는 아이들이 있게 되는 것이 그 이유가 될 수 있다.

초등학교 저학년의 경우 장애 학생을 놀리고 괴롭히는 게 나와 다름에 대한 이해가 부족해서 비롯된 것이기 때문에 교육과 지도를 통해서 인식이 변화될 수 있다. 하지만 고학년부터는 장애 이해에 대한 교육도 받기도 해서 몰라서라기보다도 고의적인 괴롭힘이 행해지는 경우가 많다. 표현이 부족하다 보니 신고하기도 힘들고 남을 쉽게 수용하기 때문에 다투더라도 언제 그랬냐는 듯이 다시 잘 지내는 경향이 있다. 그런 점을 악용해서 폭력이 아이에게 가해진다.

장애는 부모도, 아이도 누구의 잘못도 아니다. 잘못이 아니기에 다름을 인정하고 이해한다면 문제의 절반은 해결된다. 장애를 이해하고 차별없는 교육을 위해, 함께하기 위해 통합교육을 한다. 문제가 발생했다면 학교 담임 선생님과도 상담하고 원인도 찾아 해결 방안도 찾아보도록 하자. 어렸을 때부터 다름을 알려주고 이해하도록 가르친다면 아이들은 다양한 사람들과 다툼없이 조화롭게 살아가는 방법을 터득할 것이다.

내가 네 편이 되어줄게

「2020년 학교폭력 실태조사」 결과에서 학교폭력을 목격한 후 행동으로 '피해를 받은 친구를 위로하고, 도와주었다(36.4%)'가 가장 높은 응답률을 보였다. 그다음으로 '아무것도 하지 못했다(34.6%)'가 뒤를 이었다. 상처받은 친구를 위로하고 도와줬다는 응답률이 제일 높은 것에 대해서는 대견하고 바람직하다. 하지만 아무것도 하지 못했다고 응답한 학생들도 그만큼 많다. 한편 '때리거나 괴롭히는 친구를 말렸다(15.9%)'고 응답한 비율은 그보다도 낮았다.

아무것도 하지 못했다고 응답한 학생들은 속으로 이런 생각을 하고 있을 것이다. '괜히 신고했다가 내가 신고한 게 밝혀지면 어쩌지?', '도와주다가 나도 맞으면 어떻게 하지?', '다음이 내 차례면 어쩌지?'라고 생각하면서 불안해한다. 아이들이 적극적으로 도와주지 못하는 이유는 가해자에게 보복당할까 봐, 힘들어질까 봐 두려워 그렇다. 그리고 다른 아이들이 알게 되면 오히려 '고자질쟁이'라고 놀림당하거나 비난받을 수 있다고 생각한다. 그리고 자신을 따돌릴까 봐 걱정해서이다.

나는 아이들의 이런 심리 상태가 이해는 간다. 각각의 성격적인 기질도 그러한 행동에 한몫한다고 생각한다. 나같은 경우도 어렸을 때 내성적이었던 터라 "저요!" 하면서 손들고 발표하거나 친구들과 놀면서 내 주장을 적극적으로 내세우지 않는 소심한 성격이었다. 솔직하게 말하면 학교 다닐 때 학교폭력을 목격했다면 나라도 별반 다르지 않았을 거라고 생각된다. 성인이 되고 적극성을 갖추어야 하는 직업을 갖게 되면서 점점 성격이 바뀌기 시작한 것 같다.

학교전담 업무를 하면 학교에 가서 예방 강의를 한다. 처음 해보는 업무라서 강의안을 만들기 위해 이것저것 참고자료를 보게 된다. 학교폭력을 예방하려는 방법으로 항상 나오는 이야기가 있다. "방관자가 학교폭력 해결의 열쇠"라는 것이다. 방관자가 방어자로 바뀔 때 학교폭력이 줄어들 수 있다고 한다. '방관자'란 어떤 일에 직접 나서서 관여하지 않고 곁에서 보기만 하는 사람이라는 뜻이다. 방관자가 어떻게 해결의 열쇠라는 것일까?

'방관자 효과'라는 말을 들어봤을 것이다. 제노비스 신드롬, 책임 분산 효과라고도 한다. 제노비스 사건을 연구하면서 붙여진 심리학 용어이다. 미국에서 1964년도에 제노비스라는 여성이 강도에게 살해되었다. 죽기 전 30분 동안이나 비명을 지르는데도 소수의 목격자 중 그 어느 한 사람도 그 여성을 도와주지 않았고 결국 범인에게 살해되고 말았다. 연구 결과에 따르면 많은 사람이 위험한 상황을 목격할 경우 피해자를 돕지 않을 수 있다. '내가 아니더라도 다른 사람이 도와주겠지.'라는 생각으로 도움을 주지 않고 책임을 회피하는 것이라고 한다.

한 대학 연구팀이 학교폭력 현장의 방관자를 3가지 유형으로 분석한 결과 보고가 있다.

첫 번째 유형은 '괴롭힘에 가담하는 학생'이다.
남학생의 경우 공격적인 행동이 남성적이라고 믿는 경향이 크고 괴롭힘 자체에 대한 판단력이 떨어지기 때문이고 어린 학생일수록 괴롭힘의 상황을 의식하지 못하고 '괴롭힘의 힘' 자체에 쉽게 영향을 받는 것으로 관찰됐다. 학업 성취도가 낮은 학생도 대개 학교 환경에 적응하느라 힘든 시간을 겪는 상황에서 괴롭힘을 친구들 사이의 힘으로 받아들여 폭력에 가담할 가능성이 있다고 분석했다. 그밖에 공감 능력이 낮고 교사와의 관계가 안 좋거나 괴롭힘에 대한 걱정이 많을수록 폭력에 가담할 확률이 높았다.

두 번째는 '아웃사이더'로 분류된 학생으로 폭력 상황 그 자체를 회피, 무시, 부인하는 경향이 있다. 공감 능력, 교사와의 관계, 괴롭힘에 대한 걱정은 폭력에 가담하는 학생과 비슷한 특징을 보였다.

세 번째는 피해자를 옹호하는 학생으로 상대적으로 높은 자존심, 높은 공감 능력, 뛰어난 사회 문제 해결 능력, 교사와의 좋은 관계 등 앞의 두 부류와는 반대인 특징을 보였다.

국외 학교폭력 예방 교육 프로그램으로 핀란드의 키바 코울루(KiVa Koule)가 있다. 핀란드는 1990년대부터 학교폭력이 심각한 사회 문제로 대두되면서 정부 차원에서 학교폭력 근절 프로그램을 개발하고 시행한 결과 따돌림, 학교폭력을 30% 감소시키는 등 좋은 성과를 거두었다.

프로그램의 전제가 바로 방관자 효과를 억제하는 것이다. 1년에 20시간씩 왕따에 맞서는 방법을 이수하고 간접적으로 왕따 경험 역할극을 제작하여 체험한다. 그리고 왕따를 막을 수 있는 규약을 수립하게 하는 등 전체 학생이 참여한다. 가해자, 피해자도 아닌 학교폭력을 목격한 주위 학생들의 행동이 학교폭력을 유지하거나 근절시킬 수 있는 원동력이 된다는 것이다. 결국, 학교폭력은 개인에게 발생하는 문제이지만 그 예방을 위해서는 피해자, 가해자, 주변 학생 등 교실에 있는 학생 전체가 노력해야만 예방될 수 있다는 게 시사점이다.

학교폭력의 피해 학생, 가해 학생, 목격한 학생을 모두 이끌고 가기 위해서는 교사의 역량도 중요하다고 생각한다. 사안이 발생하면 학교폭력 사안 처리 절차에 따라 진행하는 과정만으로도 벅찰 수 있다. 피해 학생, 가해 학생과 그 부모들을 상대하는 것만으로도 힘들 텐데 주변 학생들까지 챙긴다는 것이 쉽지는 않다.

하지만 학교폭력을 목격한 학생들도 피해 학생 못지않게 스트레스를 받는다고 한다. 2011년 대구 중학생 자살 이후 같은 학교에 다닌 학생들에게서 12% 정도가 불안 증세를 겪었다고 한다. 그리고 사건 이후 연쇄적으로 대구, 경북 지역에서 여러 명의 학생이 자살했다. 그 후 우리는 목격한 학생들의 심리적 상태에 관해서도 관심을 두기 시작했다.

미국의 한 대학교 박사의 설문 조사에서는 집단 괴롭힘을 지켜본 주변 학생들의 심리적 충격이 천재지변이나 생명의 위협을 경험했을 때와 비슷하다고 한다. '나도 왕따 당하지 않을까' 하는 불안감, 주변 친구가 자살했다는 소식을 들은 후 트라우마(외상 후 스트레스 장애), 극심한 스트레스 같은 심리적인 반응이 나타난다. 그리고 우울증, 불면증, 가슴 두근

거림 등 신체적 증상으로 인해 피해 학생과 같은 고통을 겪을 수 있다.

우리나라의 학교폭력 해결 방식을 보면 학교폭력 사안 처리 절차가 법적으로 적절했는지, 피해 · 가해 학생 부모와의 분쟁이나 민원 소지를 없애는 것에 관심을 두고 사안 절차가 진행되는 것처럼 보인다. 학교폭력과 관련된 아이에 관한 관심은 뒷전인 것처럼 보인다.

피해 · 가해 학생이 받은 마음의 상처뿐만 아니라 목격한 주변 학생들의 마음을 들여다보고 치유해주지 않으면 아무리 좋은 학교폭력 예방 프로그램이라고 하더라도 '빛 좋은 개살구'처럼 겉만 반지르르하고 실속 없는 정책이 될 것이다.

부모 다음으로 가까이 있고 아이들을 잘 아는 사람은 교사다. 이 아이들을 보호하고 지지할 수 있는 사람 또한 교사다. 아이들에게 부정적인 영향을 미치지 않도록 적절한 지도와 보호가 필요하다. 그러면 자연스럽게 방관자가 방어자로 바뀔 수 있을 것이다.

만약 자녀가 학교폭력을 목격했다면 부모는 어떻게 해야 좋을까? 아이에게 상황을 물어보고 안심시키는 것이 중요하다. 선생님에게 목격자로서 신고하더라도 신고자의 비밀이 보장되기 때문에 걱정하지 않아도 된다고 말해줘야 한다. 그리고 신고했다면 부모는 아이가 신고하고도 피해가 없도록 선생님에게 연락하여 자녀를 보호할 수 있도록 조치를 해야 한다.

친구가 괴롭힘을 당하는 것을 보고 도와주는 것은 칭찬받을 만한 행동이다. 부모와 선생님은 학교폭력을 목격한 아이가 걱정 없이 신고할 수 있는 분위기를 만들어주고 행동을 지지해주어야 한다.

학교폭력 피해는 누구나 당할 수 있다. 처지를 바꿔서 내 자녀가 피해를 보고 있을 때 아무도 도와주는 사람이 없다면 너무 속상하고 마음이 아플 것이다. 내 아이가 한 행동은 내 자녀에게로 돌아온다고 생각하고 격려해주고 칭찬해주자.

학교폭력의 징후 살피기

가정에서는 부모님이, 학교에서는 선생님이 아이가 학교폭력에 연루되었는지 말하지 않는 이상 피해를 보고 있는지 가해를 하는지 파악하기가 그다지 쉽지 않다. 피해 학생은 피해 사실을 말하기가 자존심 상하고 창피하거나 부모님이 사실을 아시면 속상해하실까 봐 말을 하지 않을 수 있다.

그리고 가해 학생은 혼날까 봐 숨기기도 한다. 부모님과 선생님은 아이가 말을 하지 않아도 다음과 같은 징후를 보인다면 학교폭력의 피해·가해 가능성을 의심해볼 수 있다.

◎ 피해 학생의 징후

– 부모님이 살펴보기

• 늦잠을 자고, 몸이 아프다고 하며 학교에 가는 것을 꺼려한다.

• 성적이 갑자기 또는 서서히 떨어진다. 안색이 안 좋고 평소보다 기운이 없다.

• 학교 생활 및 친구 관계에 관한 대화를 시도할 때 예민한 반응을 보인다.

• 아프다는 핑계 또는 특별한 사유 없이 조퇴하는 횟수가 많아진다.

• 갑자기 짜증이 많아지고 가족이나 주변 사람들에게 폭력적인 행동을 한다.

• 몸에 상처나 멍 자국이 있다.

• 학교나 학원을 옮기는 것에 관한 이야기를 꺼낸다.

• 용돈을 평소보다 많이 달라고 하거나 스마트폰 요금이 많이 부과된다.

• 작은 자극에 쉽게 놀란다.

– 선생님이 살펴보기

• 갑자기 급식을 먹지 않으려고 한다.

• 수련회, 봉사활동 등 단체활동에 참여하지 않으려고 한다.

- 혼자 다니거나 같이 다니는 친구가 거의 없다

- 친구들과 몸 쓰기(스파링, 격투기 등)를 한다.

- 수업에 집중하지 못하고 불안해 보인다.

- 무언가에 정신이 팔려 있는 것처럼 보인다.

◎ 가해 학생의 징후

- 부모님이 살펴보기

- 부모와 대화가 적고, 반항하거나 화를 잘 낸다.

- 친구 관계를 중요시하며 귀가 시간이 늦거나 불규칙하다.

- 다른 학생을 종종 때리거나, 동물을 괴롭히는 모습을 보인다.

- 자신의 문제행동에 대해서 이유와 핑계가 많고, 과도하게 자존심이 강하다.

- 사준 적이 없는 고가의 물건을 가지고 다니며, 친구가 빌려준 것이라고 한다.

- 과도한 화장, 옷차림, 문신 등 외모를 과장되게 꾸며 또래 관계에서 위협감을 조성한다.

- 폭력과 장난을 구별하지 못하여 갈등 상황에 자주 노출된다.

- 평소 욕설 및 친구를 비하하는 표현을 자주 사용한다.

- 평소와 다르게 감추는 게 많아진다.

- **선생님이 살펴보기**

- 성미가 급하고, 충동적이며 공격적이다.

- 다른 학생을 괴롭히는 행동을 자주 하며 욕설을 한다.

- 친구에게 받았다고 하면서 고가의 물건을 가지고 다닌다.

- 선생님에게 대들고 반항하는 모습을 보인다.

- 손이나 팔에 붕대를 감고 다니기도 한다.

- 작은 칼, 흉기 등 위험한 물건을 소지하고 있다.

위와 같은 징후에 해당하는 모습이 보인다고 하더라도 학교폭력에 연루되어 있다고 단정 지을 수 없기에 부모님과 선생님은 여러 정황을 고려하여 판단해야 한다.

「학교폭력 예방법」 제 20조 제1항에는 "학교폭력 현장을 보거나 그 사실을 알게 된 자는 학교 등 관계기관에 이를 즉시 신고하여야 한다."라고 신고의무를 규정하고 있다. 즉 학교폭력을 알게 된 사람은 누구라도 지체하지 말고 신고해야 한다.

학교폭력을 신고하는 방법은 다양하다. 교내 신고 방법으로는 선생님이 학생을 통해 파악하거나 학생 또는 보호자가 학교 선생님에게 휴대전화로 신고할 수 있다. 그리고 모든 학생에게 설문 조사하여 폭넓게 피해 경험을 파악하고 사실이 인정된다면 학폭위를 개최하여 사안 처리도 가능한 부분이다.

또한, 기관에 신고하는 방법도 있다. 경찰청·교육부·여가부 협업으로 시·도 경찰청에서 운영하는 117학교폭력신고센터 (24시간 상담·신고), #0117 휴대전화 문자신고, 인터넷 안전Dream 사이트, 각 경찰서 여청과 소속 학교전담경찰관(SPO)을 통해 신고하는 것이 가능하다. 내가 학교전담경찰관으로 근무했을 때 학교폭력 신고는 주로 학교 선생님을 통하거나 117학교폭력신고센터 상담 내용을 통해 인지했다.

학교폭력은 일반적인 폭력과는 다른 특성이 있다. 호통 판사로도 유명한 천종호 판사는 『호통 판사 천종호의 변명』에서 학교폭력의 3가지 특성에 대해 말한다. 첫 번째로 관계성이다. 학교를 매개로 학교나 친구, 선후배 사이에 발생하며 관계성 정도 또한, 매우 밀접하다. 나아가 평등 관계가 아니라 '갑을 관계'가 형성된다는 것이다. 두 번째는 지속성이다. 같은 학교에 다니는 학생들은 방학을 제외하고 매일 학교에서 괴롭힘을 당할 수 있어 지속이 될 수 있다. 가벼운 폭력이라 하더라도 지속해서 행해지면 피해자에게 치명적인 결과를 초래할 수도 있다. 마지막으로 공연성이다. 학교는 공동체 생활을 하는 곳이기 때문에 또래 학생들이나 전교생이 보는 데서 공개적으로 행해지는 경우가 많은데 그 이유로 자신과 피해자의 우열 관계를 다른 학생들에게 알려서 존재를 드러내는 한편,

자신에게 도전했다가 이처럼 된다는 것을 알리고 싶어서라고 한다.

이런 학교폭력의 특성으로 인해 학교폭력의 피해를 보는 학생이 체감하는 고통은 생각보다 심해 큰 트라우마로 남을 수 있다. 자녀가 피해의 징후를 보이고 괴롭힘을 당한다는 말을 듣는다면 아이들끼리의 장난으로 사소하게 넘길 게 아니라 제대로 사실을 파악해야만 한다.

부모님은 평소에 피해 · 가해 학생의 징후를 알아두자. 그리고 평상시 자녀와 충분히 대화하는 시간을 만들어야 한다. 친한 친구가 누구인지, 연락처는 어떻게 되는지 반드시 알아두고 학교생활에 관해서도 관심을 두고 자연스럽게 물어본다. 부모가 자녀에게 관심을 두고 있으면 아이가 피해를 봤을 때 좀 더 쉽게 이야기를 꺼내게 되고 현명한 대처를 할 수 있을 것이다.

06

부모에게도 예방 교육이 필요하다

학교폭력은 전 세계 여러 나라에서 겪고 있는 공통적인 사회적 문제가 되었다. 외국에서는 80, 90년대부터 학교폭력이 심각한 사회 문제로 대두되어 그에 대한 학교폭력 예방 대책을 연구하고 나라마다 정책을 추진하여 학교폭력 예방에 힘써나갔다.

우리나라도 예전부터 학교폭력은 계속 문제가 되어왔다. 하지만 예방 재단 설립 등 개인적으로 학교폭력으로 인한 피해를 지원했지 사회적인 이슈로 떠올라 국가에서 나서서 학교폭력 관련 정책을 내놓게 된 시기는 2010년 이후부터다.

우리나라는 2012년 교육과학기술부 산하 '학교폭력 예방연구/지원특임센터'가 설립되어 국가 차원에서 학교폭력 예방 교육인 '어울림 프로그램'을 개발하여 운영해오고 있다. 어울림 프로그램은 단위 학교 구성원인 학교장, 교사, 학생, 학부모가 모두 공감과 소통 능력을 향상해 학교폭력을 효과적으로 예방할 수 있는 프로그램이라고 한다. 2019 학교폭력 어울림 프로그램 사전–사후 역량 비교 결과(학교폭력예방교육지원센터)에서는 공감, 의사소통, 갈등 해결, 자지 존중감, 감정 조절, 학교폭력 인식에서 사후 평균이 향상되었고 초 · 중 · 고 모든 학교급에서 대부분 프로그램이 효과가 있었다고 한다.

하지만 학령기의 자녀를 둔 부모와 교육자, 교육 계통 업무를 하시는 분들 외에는 학교폭력 예방 프로그램 효과성에 대한 체감과 프로그램에 대한 인식은 실로 미미하다. 학교폭력이 실질적으로 감소했다고 하더라도 심각한 학교폭력 사안이 언론에 보도됨으로 인한 사회적 여파는 크다. 그 때문에 여전히 학교폭력에 대한 특별한 대책이 필요하다는 논의만 되풀이할 뿐이다.

학교폭력이 발생하여 심의위원회가 개최되면 가해 학생에 대한 조치 결정을 하게 된다. 「학교폭력 예방법」 제17조 ①항의 5호 조치는 학내외 전문가에 의한 특별교육 이수 또는 심리치료를 규정하고 있다. 5호 조치 결정을 하게 되면 ⑨항에 따라 가해 학생이 특별교육을 이수할 경우 해당 학생의 보호자도 함께 교육을 받게 하여야 한다.

가해 학생의 부모는 특별교육을 받으라는 조치를 받게 되면 거부감을 느끼기도 한다. 아이의 문제로 인해서 자신이 특별교육을 받는다는 것은 지금까지 자녀를 양육했던 방식이 잘못되었음을 드러내는 꼴이 된다. 남들에게 알려지게 돼 자존감이 상할 수도 있는 문제다. 하지만 특별교육의 목적은 가해 학생에게 학교폭력에 대한 인식의 개선 또는 심리적 치료가 필요하다고 판단되는 경우 내려지게 된다. 교육을 받게 되는 장소는 교육감이 지정한 기관으로 Wee센터, 청소년 상담복지센터 등 외부 기관에서 받을 수 있어 남들의 시선에서 벗어나 자유로울 수 있다.

교육 시간이 비록 4~5시간 정도지만 부모가 어떤 마음가짐을 갖고 교육을 받느냐에 따라 자신과 아이가 바람직한 모습으로 변화될 수 있다. 귀찮고 불필요하다는 마음보다 나 자신을 되돌아보는 기회라 여기고 어떻게 하면 아이 심리 상태를 더 잘 이해하고 앞으로 자녀를 양육할지 방향 설정을 해보는 시간으로 받아들이자.

부모 교육의 전제는 부모가 자녀에게 큰 영향을 미치고 부모를 교육하면 아이에게 그 효과가 미친다는 점에서 시작한다. 학교폭력을 예방하기 위해서는 근본적으로 가정에서 올바른 자녀 교육이 이루어져야 한다고 말한다. 맞는 말이다. 하지만 어떻게 자녀를 체계적으로 교육을 해야 하는지 배운 적이 없다. 우리 부모도 마찬가지고 현재 자녀를 양육하고 있는 부모도 그렇다.

교육부, 여가부에서는 사회 변화에 따라 다양한 부모 교육 및 상담 프로그램을 운영하고 있다. 맞벌이하는 부모를 위한 직장으로 찾아가는 학부모 상담 교육, 사회적 배려 계층을 위한 이동 상담 운영, 온라인 부모 교육 콘텐츠 등 부모 교육의 중요성을 알기에 여러 가지 정책을 시행하고 있다.

그리고 시중에는 육아법, 자녀와 공감하는 법, 아이 자존감 키우는 법 등 많은 자녀 교육 서적이 즐비하다. 하지만 실제 적용해서 나와 내 아이가 변화되는 시간은 참으로 길게 느껴지고 더디다. TV 프로그램 〈금쪽같은 내 새끼〉는 부모와 자녀 간 문제점을 살펴 근본적인 관계 개선을 위한 육아법 코칭 프로그램이다. 아이의 반응에 대한 대응, 말 한마디, 말투 등 실제 적용할 수 있는 육아법으로 부모 자녀 간 관계가 변화되는 것을 보면 참 신기하다.

오은영 박사는 나이에 맞는 대화법을 제시한다. 초등학생의 경우 아직 어려서 마음이 약하기 때문에 친근하게 대해주는 게 좋다고 한다. 부모가 자신을 차갑게 대하면 자신을 사랑하지 않는다고 생각한다. 아이에게 부드럽고 친절하게 다가가면 사춘기 때 엇나가더라도 부모의 정성에 힘입어 돌아올 여지가 많다고 한다.

중학생에 들어간 사춘기의 경우 부모의 말 표현에 민감한 시기다. 아이 앞에서는 말을 줄인다. 잔소리라고 생각하고 청개구리처럼 엇나가기 때문이다. 아이에게 명령 대신 제안을 한다. "~해!"가 아니라 "~해볼래?", "그래 줄래?"라고만 해도 행동이 달라지며 효과가 나타난다. 그리고 아이를 부를 때 "야!"라고 하지 말고 이름을 불러준다. 자녀가 대답할 때 "알았다고요."라고 해도 고맙게 생각한다. 알겠다고 했으니 이제부터는 노력하겠지 하며 넘어간다. 절대 소리 지르지 마라. 부모가 소리를 지르는 것은 상대방에게 힘의 우위를 빼앗길 것 같다는 두려움과 위기감 때문인 경우가 많은데 소리 지를 때, 사춘기 아이는 자신을 억누르려 한다고 생각하고 더 반항하려 한다. 부모는 아이의 반응에 감정 조절이 안 될 뿐더러 어떻게 대응을 해야 할지 몰라서 소리를 지르게 된다. 아마 주변에 많이 있을 것이다.

나도 소년범 대상으로 선도 프로그램을 진행하면서 소리 지른 적이 있었다. 범죄를 저질러서 경찰서로 선도 프로그램을 하러 온 학생들이 있었다. 자기들끼리 장난치고 시시덕거리는 행동이 보기 싫어서 "야! 너 똑

바로 안 해!! 너네, 지금 경찰서로 놀러 왔어!!"라고 큰소리를 쳤다. 소리를 질러야 애들이 말을 들을 것 같아서 그랬다. 옆에는 다른 업무를 하는 선후배가 있었다. 순간 사무실엔 정적이 흘렀고 나는 선후배에게 민망스러웠다.

화를 내고 소리치면 그때뿐이다. 좋은 말로 부드럽게 이야기할 때 아이들은 마음의 문을 열게 되고 태도도 온순해진다. 나는 그 후부터 선도를 받기 위해 오는 청소년들에게 좀 더 친근하고 부드럽게 말했다. 경찰서에 오는 아이들은 주로 가정환경, 형편이 어려워 비행의 길로 가는 아이들이 많다. 부모마저도 보호해줄 여력이 없는 아이들에게 따뜻한 말 한마디는 정말 중요하다. 아이들에게 마음을 붙일 수 있는 한 사람이라도 있다면 아이는 변화될 수 있다.

인천시교육청 대안교육지원센터 서현석 센터장님이 하신 말씀이 기억에 남아 있다.

"대안교육지원센터에서 운영하는 위탁형 대안학교의 설립 목적은 학교에 적응하지 못하는 아이들의 적응 능력을 향상해 본교로 돌려보내는 것입니다. 아이들이 대안학교에서 위안을 얻고 관계 문제가 해결되는 것을 볼 수 있습니다. 아이들은 선생님이 착하다고 얘기합니다. 보통 어른들이 아이들한테 착하다고 하지 아이들이 어른한테 착하다고 하지는 않습니다. 결국, 선생님들이 아이들의 말을 잘 들어주기 때문입니다."

아이들은 자신의 말에 귀 기울여주는 사람을 믿고 따르게 되어 있다. 아이들이 믿고 의지할 수 있는 사람은 가정에서는 부모다. 부모가 아이의 이야기를 귀 기울여 들어주고 공감만 해줘도 부모에 대한 예방 교육은 이미 수강 완료되었다.

07

공부보다 중요한 아이 자존감 높이기

자존감의 사전적 풀이는 '스스로 품위를 지키고 자기를 존중하는 마음'이다. '자아존중감'이라는 단어로 사용하기도 한다. 자아존중감은 미국의 의사이자 철학자인 제임스가 1890년대 처음으로 사용했다고 한다. '자기 자신이 가치 있고 소중하며, 유능하고 긍정적인 존재라고 믿는 마음'이라고 정의한다.

요즘 서점을 가보면 베스트셀러 등 인기 있는 책들은 자기계발서나 심리에 관한 서적들이다. 심리에 관한 서적 중에 어른의 자존감, 아이의 자존감 등 자존감과 관련된 내용이 많이 있다. 그 이유는 어른이나 아이나 사람이라면 자존감을 지니고 있어야 성공할 수 있는 원동력을 얻게 되고 스트레스나 위기 상황에서 잘 해결해나갈 수 있기 때문이라고 생각한다.

자존감이 높은 사람들은 다음과 같은 특징이 있다.

• 스트레스를 받더라도 긍정적인 생각으로 방향 전환을 하며 극복하려고 노력한다.
• 자신의 모습을 있는 그대로 인정하고 남과 비교하지 않는다.
• 실수나 실패를 하더라도 자신의 무능력을 탓하고 남 탓하기보다 자신의 부족한 점을 보완해서 발전하려고 노력하는 모습을 보인다.

부모들은 아이가 공부를 잘해서 좋은 대학에 가고 좋은 직장에 취직하면 자녀가 성공했다고 생각할 것이다. 하지만 공부를 잘한다고 성공한 인생도 아니고 자존감이 높은 것도 아니다.

부모는 객관적인 성적, 점수를 높여 좋은 대학에 가게 하기 위한 부분에 신경을 쓰지만, 더 중요한 것은 공부를 잘할 수 있는 능력을 키워주는 것이 좋다. 공부를 잘할 수 있는 능력이란 인내심, 의지력, 집중력이다. 이를 정서 조절력이라고 한다. 감정을 잘 조절하는 능력이다. 감정과 자존감은 밀접한 관련이 있다.

아이의 성적표를 받아든 엄마가 말한다. "비싼 과외까지 시켜줬는데 성적이 이게 뭐니?", "아무개는 이번에 반에서 1등 했다더라.", "이걸 점수라고 받아와!"라고. 이런 말을 들은 아이의 감정이 어떨까? 불 보듯 뻔할 것이다. 아이는 기분이 나쁘고 '내가 이 정도밖에 안 되는 사람이구나.' 하며 심적으로 위축될 것이다. 아이의 자존감은 바닥으로 가라앉고 있다. 엄마의 말로 인한 여파는 아이에게 부정적 감정이 생겨나게 하고 공부에 악영향을 끼친다. 앞으로 자녀의 성적은 더 떨어질 수 있다.

중학교 3학년인 민지는 국어 수업시간에 엄청난 모욕감과 수치심이 들었다. 중간고사가 끝나고 국어 선생님이 국어 성적을 올리기 위한 목표로 성적에 따라 조별로 나누었다. 그리고 이번 중간고사 때 국어 공부를 어떻게 했는지 발표하는 시간이었다. 조에서 민지가 발표를 하게 되자 민지는 "저는 교과서를 먼저 보고 나서 문제집을 풀었어요."라고 선생님과 학급 친구들에게 말했다.

선생님은 곧이어 "여러분, 잘 들었죠. 이렇게 공부하면 안 돼요." 민지는 그 조에서 점수가 가장 낮았는데 점수가 많이 떨어진 민지를 지목했던 것이었다. 그런데 문제는 성적이 제일 많이 떨어진 조의 장을 불러서 대표로 맞게 했다는 것이다. 민지는 조장에게 정말 미안했고 스스로 죄책감이 들었다. 선생님도 싫어지고 공부도 싫어졌다.

위의 사례는 내가 상담했던 학생의 이야기다. 나는 학생의 말을 듣고 정말 속상했다. 선생님의 교육 방식이 이해가 가지 않았고 화가 났다. 성적을 올리기 위해 발표하는 시간이었는데 오히려 학생을 부끄럽게 만들고 위축되게 했다. 자존감이 떨어지는 것은 말할 것도 없다. 과연 이분이 아이들을 가르치는 선생님이 맞나 싶을 정도로 교사에 대한 실망감이 컸다.

교사도 부모와 마찬가지로 학생들에게 큰 영향을 미칠 수 있다. 학교에 적응하지 못하고 학업을 중단하거나 대안학교에 다니는 아이들은 대부분 부모나 교사와의 관계가 좋지 않은 학생들이다. 어른들한테 받은 마음의 상처로 인해 학교마저 마음 둘 곳이 없어졌다.

교사와의 관계가 좋지 않은 이유는 여러 가지다. 공부 못한다고 무시당하거나, 학교폭력 가해자로 낙인찍히거나 교사의 말을 무시한다는 이유로 이쁨을 받지 못한다. 학생 한 명 한 명을 하나의 소중한 인격체로 존중하고 이해한다면 교사에 대한 불신이 줄어들 것이 자명하다.

학교폭력의 가해 학생들을 상담하게 되면 집안의 분위기와 가정환경을 알게 된다. 사건 사고를 일으키는 아이들의 가정을 보면 자녀에 대한 부모의 관심과 배려가 부족하다. 너무 권위적인 부모이거나 방임, 방치를 하는 부모들이 많다. 집안의 가정환경과 부모의 양육 방식은 아이에게 정말 중요하다. 바로 자존감과도 연결되기 때문이다.

학교폭력 가해 학생들은 자존감이 상대적으로 낮은 아이가 많다. 자존감이 낮은 아이의 문제행동 유형이 있다. 남을 괴롭히고 지배하려고 한다. 실수에 대해 외부 환경이나 다른 사람 핑계를 댄다. 부모한테 거짓말을 하거나 하기 싫거나 못 할 것 같으면 그만두거나 포기한다.

물론 위와 같은 행동을 한다고 해서 다 자존감이 낮다고 볼 수는 없지만, 문제가 되는 행동에 대해 적절한 제재를 가하고 개선하지 않는다면 아이는 자신의 행동이 잘못됐다는 것을 인지하지 못하고 나쁜 행동이 반복되거나 강화될 수 있다.

많은 전문가가 강조하는 공통적인 말이 있다. "내 아이의 자존감은 부모에게 달려 있다."라고 한다. 결국, 부모의 자존감이 높아야 아이의 자존감도 높아진다는 말이다. 모든 부모가 자녀의 자존감이 높아지기를 원한다. 그래서 자녀 양육 서적도 읽고 프로그램도 보고 아이를 잘 키우기 위해서 노력한다. 하지만 아이는 원하는 대로 성장하지 않는다. 원인을 따지고 들어가 보면 엄마도 부모님의 방식대로 성장해왔다. 돌아보니 '나는 우리 부모님처럼 대하지 않을 거야.'라고 싫다고 생각했던 모습이 내가 우리 아이를 대하고 있는 모습인 것이다. 부모의 자존감부터 회복하고 나서 아이의 자존감을 높이자. 자신의 양육 방식을 점검해보고 문제가 있다면 적극적으로 바꾸려고 노력하자. 그러면 아이의 자존감도 달라질 수 있다.

발명왕 에디슨, 상대성 이론을 발견한 아인슈타인의 어린 시절은 천재라는 수식어와 거리가 먼 아이들이었다. 에디슨은 학교에서 지적 장애인이라고 소리를 들을 정도였고 아인슈타인은 내성적인 성격을 가진 데다 발달도 또래보다 늦은 아이였다. 이들이 결국 위인이 될 수 있었던 이유는 어머니의 헌신적인 노력이 있었기 때문이다. 아이의 잠재 능력을 믿고 포기하지 않았으며 다른 아이와 비교하지 않고 아이의 개성을 지지하고 격려했다.

내 아이에 대한 믿음을 가지고 양육한다면 아이의 자존감도 자연스레 높아질 것이다. 늦었다고 생각하고 조급해하지 말고 지금부터라도 하나하나 실천해나가자. 그럼 분명 훌륭한 부모가 될 수 있을 것이다.